나를
살리는
마음 훈련법

깊은 뿌리를 내린 나무처럼 흔들리지 않는 내면 다스리기

나를 살리는 마음 훈련법

초판 1쇄 인쇄 2023년 2월 7일
초판 1쇄 발행 2023년 2월 13일

지은이 김영애

발행인 백유미 조영석

발행처 (주)라온아시아
주소 서울특별시 서초구 효령로 34길 4, 프린스효령빌딩 5F

등록 2016년 7월 5일 제 2016-000141호
전화 070-7600-8230   **팩스** 070-4754-2473

값 16,800원
ISBN 979-11-6958-033-5 (03190)

라온북은 독자 여러분의 소중한 원고를 기다리고 있습니다. (raonbook@raonasia.co.kr)

나를
살리는
마음 훈련법

깊은 뿌리를 내린 나무처럼
흔들리지 않는 내면 다스리기

김영애 지음

RAON
BOOK

··················

뿌리 깊은 나무, 당신을 봅니다

··················

먼저 이 글을 쓸 수 있도록 기회를 주신 저자님께 깊은 감사 인사를 전하고 싶다. 저자와의 인연을 맺은 것은 2년여 전으로 거슬러 올라간다. 지금은 가족보다도 더 자주 이야기를 나누는 사이이지만, 당시는 온라인상에서 간간이 만나 뵙는 정도였다. 글쓰기 모임으로 만나서 무언가에 이끌리듯 작가님의 라이브 방송에 출연하게 된 것을 계기로 지금은 함께 성장하는 커뮤니티 '퓨처스쿨'의 공동운영진으로 뜻을 같이하고 있다. 결혼 이후 외부와의 소통을 많이 하지 않았던 나에게 세상으로 한 발짝 내디딜 수 있는 용기를 심어주신 분이기도 하다. 인생의 선배로서 정서적 지지자로서 지대한 영향을 미치고 있다고 해도 과언이 아니다. 미디어든 책에서든 모두가 부자가 되는 방법을 이야기할 때, 저자는 한번쯤은 멈춰서서 생각해 봐야 하는 인생의 근본을 말하고 있다.

몇 해 전 여름, 큰 태풍이 온 적이 있다. 당시 아파트 1층에 살고 있었는데 25년 전 심어진 2층 높이의 키가 큰 소나무 몇 그루가 거세게 흔들리기 시작했다. 그래도 오래전에 심어진 나무이기도 하고 굵기도 어느 정도 되었기에 나무가 뽑힐 거라고는 생각하지 못했다. 그런데 바람이 분 지 두 시간 정도 흘렀을까? 땅 아래에 있던 엉켜있던 뿌리가 모습을 드러내며 쓰러지기 시작했다. 뿌리가 흔들리니 나무는 버티지 못했다.

나무가 치워지고 나서는 땅 아래 있던 흙이 땅 위로 올라와 층층이 다른 색을 띨 뿐, 25년이나 그 자리를 지켰던 세월의 흔적이라기에는 너무나도 가벼웠다. 다음날 아파트 단지를 둘러보니 태풍의 영향으로 뿌리째 뽑힌 자리의 흔적이 여러 곳 있었다. 땅 아래에 단단히 뿌리를 내린 나무들은 어제와 다를 바 없는 모습으로 그 자리를 지키고 있었다.

'인생도 저런 모습이 아닐까?'

인생에 뿌리를 깊숙이 내린 사람들은 거센 바람에도 뿌리째 뽑히지 않는 탄력성을 가지고 있다. 잠시 흔들리는 듯 보여도 제자리에 돌아와 언제 그랬냐는 듯 그 자리를 지키고 있다. 그리고 이 책을 읽은 후 저자 역시 삶을 나무가 뿌리를 내리는 모습에 비유하는 것을 보며 새삼 우리의 생각이 한 방향을 바라보고 있음에 흐뭇했다.

사실 저자가 평상시에 보여주는 모습 자체가 '뿌리 깊은 나무'의 형상이다.

"유진 씨, 원래 나라는 형상은 없는 거예요. 그래서 우리는 어떤 모습이든 무엇이든 될 수 있는 거예요."

무상무아라는 부캐명에 어울리는 말씀이다. 이 이야기를 들었을 당시 내색하지 않았지만 내 안에 깊은 울림이 있었다. '그래, 무엇이든 될 수 있구나.'

가끔 조언을 듣고 싶어 고민거리를 꺼낼 때마다 문제의 본질에 대해 생각해 볼 수 있는 답변을 주신다. 친구나 부모, 형제들에게 털어놓기 힘든 고민도 저자에게는 아무렇지 않게 말하고 있는 나를 발견할 때마다 놀란 적이 한두 번이 아니다. 공감을 뛰어넘어 마음을 열고 스스로가 치유할 수 있는 길로 인도해 준다. 이건 저자만이 가지고 있는 특별함이다. 나만 그런 것이 아니라 저자와 이야기를 나누는 사람들을 관찰해 보면 누구나가 어디서도 쉽게 말하지 못하던 이야기를 꺼내고 있는 모습을 종종 보곤 했다.

저자의 이야기가 책으로 완성되었다는 소식을 듣고서 기쁜 마음에 먼저 읽어 볼 수 있는 기회를 달라고 부탁했다. 궁금했던 터라 단숨에 읽어 내려갔다. 예상했던 대로 그녀에게는 단단한 마음의 뿌리가 있었다. 사람을 보고서 나무의 뿌리를 생각해 본 것은 처음 있는 일이다.

일화 하나하나가 삶에 뿌리를 내리는 데 도움이 되는 조언들이었다. 한창 아이들을 키우고 있어서인지 저자만의 자녀 교육에 대한 지혜와 사람을 대하는 마음과 태도에 눈길이 갔다.

저자의 이야기를 많은 사람들이 읽어보았으면 하는 바람이다.

상대적인 행복을 좇느라 불안해하는 마음에 온전히 나로 살아갈 수 있는 뿌리를 내리는 방법을 볼 수 있다. 당신 안에 내재된 능력으로 스스로를 치유하며, 오롯이 나로 시작되는 행복을 즐길 수 있다고 말하고 있다. 언제나 답은 내 마음속에 있고, 그걸 '알아차림'으로서 마주할 수 있다. 그렇게 되는 순간, 삶은 온전히 나에게 머물고, 인생의 길도 나의 길이 될 것이다.

손유진

(퓨처스쿨 운영진/독서모임 북링 리더)

나는 그 일의
씨앗을 품고 있는 존재다

농사지으시는 부모님 밑에서 할아버지, 할머니 모시고 4남매 다복한 가정에서 논두렁 밭두렁을 뛰어다니며 자랐다. 사귐의 시간도 없이, 얼굴 한번 보고 결혼한 스물두 살 청년과 스무 살 처녀는 공부 못한 게 한이 되어, 신혼 첫날밤 자녀들은 최고학부까지 가르치자 약속하셨다. 자식들 학비를 대기엔 농사만으로는 부족해 아버지께선 한쪽 다리가 짧아 절뚝거리시는 불편한 몸을 이끄시고 나무장사와 사슴 키우기 등을 하시며 4남매 모두 대학 교육을 시켜주셨고, 첫날밤에 했던 네 가지의 약속을 환갑 되시던 해 안에 모두 지키셨다. 그 약속이 두 분의 험난한 시간들을 넘기게 해주었는지도 모른다. 약속을 지키며 산다는 것, 서로를 신뢰하지 않으면 불가능한 일임을 부모님께 배웠다. 내가 사랑이라는 말보다 '신뢰'라는 말을 더 좋아하는 이유다.

씨앗을 뿌리고 정성껏 가꾸어야만 거두어들이는 보람도 누릴 수 있음을 부모님께선 일생동안 몸소 보여주셨다. 흙은 거짓을 말하지 않는다. 나의 생각과 말과 행동으로 인한 모든 결과는 내가 뿌린 씨앗이므로 내가 거두어야 한다는 걸 당신들의 삶을 통해 가르쳐주신 것이다.

비가 오나 눈이 오나 아침이면 가파른 산길 올라 할아버지, 할머니 산소에 가서 문안인사 드리고 오시던 아버지. 가서서 인사만 드리셨을까? 넘기 힘든 인생의 산 앞에서, 두렵고 힘들 때, 괴롭고 고통스러울 때 먼저 가신 부모님께 털어놓고 부모님의 목소리를 들으며 마음을 추스르고, 힘을 내서서 다시 치열한 삶의 현장으로 걸어내려 오셨는지도 모르겠다. 어쩌면 그곳에서 많이 우셨을지도 모르겠다.

고관절에 30센티미터가 넘는 철심을 박는 대수술을 하신 아버지의 첫마디는 "개 밥 줬냐?"였다. "말 못 하는 짐승 잘 챙겨야 한다"라는 전화기 너머 아버지의 목소리는 수십 년이 흘러도 잊히지 않는다. 말 못 하는 짐승에게 이러할진대 사람에겐 더 말해 뭐하리. 생명을 귀히 여기는 마음을 부모님께 배웠다. (밤이면 다리 저림의 고통 속에서 잠 못 이루시면서도 강인한 정신력과 책임감으로 우리를 키우셨던 아버지는 지금 초기 치매를 겪고 계신다. 부디 오래오래 건강하시길 빈다.)

새벽정진을 가기 위해 두꺼운 바지를 겹겹이 껴입을 때면 늘 떠오르는 모습이 있다. 겨울 농한기에도 수입을 만들기 위해 엄마께서는 동네에 새바람을 일으켰다. 추수가 끝나고 겨우내 집에서 노는 게 아까워서 깻잎절임과 무말랭이 같은 반찬거리를 만들어 1시간 거리 서울에 있는 시장에 내다 파셨다. 버스가 없는 새벽 4시 30분에 동네 앞을 지나가는 신문 트럭을 얻어타기 위해 칼바람 추위 새벽바람을 이길 옷들을 겹겹이 껴입으시던 엄마의 모습. 초등학교 시절, 겨울방학이면 펭귄처럼 뚱뚱해진 엄마를 아랫목 이불 속에서 바라보던 기억은 내 안에 각인되어 있다.

새벽을 여시던 부지런함, 강인한 생활력, 장사를 마치고 얼굴이 시퍼렇게 얼어 돌아오셔서 무척이나 고단하실 텐데도 김치찌개를 끓여주시던 그 모습, 드시자마자 부엌으로 밥상을 내어 가실 힘도 없으셔서 윗목으로 상을 물리시고 그대로 곯아떨어지시던 모습, 하루종일 따뜻한 방에서 빈둥거리고도 엄마를 위한 밥상을 차려낼 줄 몰랐던 나 자신이 너무나 죄송해지던 열 살 무렵의 기억….

오줌이 마려워 눈이 떠지면 어김없이 엄마의 나지막한 독경소리가 들렸다. 어둠 속에서 단 하루도 빠짐없이 새벽마다 경전을 읽으시던 모습은 나에게 어떤 상황에서도 두려움 없는 든든한 뒷배가 되어주었다.

엄마 뱃속에서부터 절에 다니던 나는 자연스럽게 불교와 삶이 분리되지 않는 삶을 살아왔다.

대학시절 불교동아리와 29년 전부터 다니고 있는 문사수법회는 나의 불교인생관을 심어준 소중한 인연이다. 얼마 전에 열반하신 스승님이신 한탑 스님께서 남겨주신 '나의 참생명 부처님생명'의 가르침 덕분에 나는 지금까지 불자의 삶을 배우고 익히며 나누는 삶을 살아왔다. 그 깊은 은혜에 조금이나마 보답하는 마음으로, 그간 진행해 온 마음나누기 에피소드와, 가르침을 바탕으로 한 삶의 이야기를 정리해 보았다.

이 작은 이야기들을 통해 자신이 어떤 존재인지 명확히 알고 마음의 힘이 길러져 부디 자기 삶의 주인으로 살게 되시길 기도한다. '자기한정'보다는 무한 가능성과 무한 잠재력을 지닌 자신의 존재가치를 깨달아, 스스로에게 여유를 주고 기회를 주며, 어떤 것도 시도해 볼 수 있는 용기를 자기 자신에게 선사하는 데 조금이나마 도움이 되었으면 한다.

이 책이 나오기까지 신체적 정신적 유산을 물려주신 존경하는 양가 부모님들, 사랑하는 가족, 법회의 은사님들과 도반님들, 마음나누기를 해주신 인연들, 고민을 함께하고 응원해 주신 손유진 님과 토부 님, 퓨처스쿨 멤버분들 그리고 멋진 책으로 엮어주신 라온북에 깊은 감사를 드린다.

김영애

1장

왜 지금 초심력을 말하는가

2장

◆

나를 알기 위한 내 마음 바로보기

3장

◆

내 마음을 만나러 가는 길

4장

세상과 관계를 회복하고 마음을 나누는 방법

5장

마음의 근육을 기르는 루틴 훈련

왜 지금
초심력을 말하는가

우리는 불안(不安)하기 때문에
안심(安心)이 어렵다

하루아침에 너도나도 백수

2020~2022년, 사람들은 커다란 위기를 지나왔다. 21세기 최대의 전염병인 코로나19가 터지고 뉴스에선 연일 몇십 년간 일궈온 식당, 옷가게 등이 문을 닫는 가슴 아픈 사연이 이어졌다. 북새통을 이루던 명동거리며 남대문시장 골목은 인적이 끊겨 스산했다. 내 눈으로 보면서도 믿어지지 않았다. 20년간 여행사에 다니던 아는 동생은 하루아침에 직장을 잃고 아르바이트 자리를 구하고 있었고, 항공기를 정비하며 공항에서 근무하던 지인도 집에서 사회복지사 공부를 시작했다.

학교에 급식 재료를 공급하던 선용 씨도 예외는 아니었다. 코로나19로 학교가 멈추고 급식이 중단되니 미수금이 묶인 채 수입이 끊겨 큰 어려움을 겪었다. 모아둔 돈으로 생활비를 충당하고 현금서비스까지 받아 가며 1년간은 간신히 버텼다. '파산 신청을 해야 하나?' 갈등하는 가운데 하루하루 빚은 늘어갔고, 뉴스에서 경제위기로 동반자살하는 사건이 나오면 그 심정이 너무나도 이해된다고 했다.

우리는 '모르기 때문에' 불안하다

코로나19는 전 세계인이 함께 겪은 위기였다. 비단 앞에 말한 분들뿐만 아니라 수없이 많은 사람이 코로나19로 인한 경제적 파탄과 심리적 위기를 겪어냈다. 이는 2023년 새해가 밝은 지금도 여전히 진행 중이다.

세상이 어떻게 바뀔지 모르니 불안하다는 이야기를 지난 3년간 주변에서 참 많이도 들어왔다. '앞으로 어떻게 먹고 살아야 하나? 아이는 어떻게 키워야 하지?' 다른 세상이 온다는데 뭐가 어떻게 달라지는 건지, 뭐를 배우고 알아야 하는 건지 모르니 불안한 건 당연하다. 이 불안 심리를 틈탄 상품들이 쏟아져 나온다. 이것도 배워야 할 것 같고, 저것도 배워야 할 것 같은 불안한 마음에 강의 쇼핑도 한다. 실제로 나도 지난 몇 년간 많은 강의를 들었다.

그런데 나는 궁금하고 호기심에 못 이겨 수강했을 뿐, 불안함으로 선택하지는 않았다. '이걸 안 하면 어떡하지?', '이걸 모르면 어떡하지?'라는 마음보다는 '이건 뭐지? 너무 궁금하다', '이걸 알아서 잘 적용해 봐야겠다'하는 마음으로 배움을 즐겨왔다. 그러나

만일에 내가 자발적으로 듣고 싶어서가 아니라 '모르면 안 될 것 같아서', '뒤처질까 봐', 혹은 '하라고 하니까' 강의에 지갑을 열었다면, 과연 강의를 듣고 난 뒤에 불안이 사라졌을까? 불안은 여전히 해소되지 않았는지도 모른다.

자신을 믿지 못해서 불안하다

다양한 분들과 만나면서 안타까웠던 부분은 자신을 너무 과소평가하는 경향이 있다는 것이다. 자신만의 고유함과 독특함에서 싹트는 재능이 있고, 재능을 꽃피워낼 능력과 역량도 출중한데, 본인은 전혀 그렇게 생각하지 않는 분들이 계셨다. 그분들은 자신의 능력을 꺼낼 생각조차 하지 않아 사실 그 능력이 없는 것과 다를 바 없는 상태이다. 자기비하나 자책을 넘은 자기학대까지, 자기 자신에게 들이대는 잣대가 너무 엄격하다 못해 폭력적으로 느껴질 때도 있었다.

그럴 때마다 든 생각은, 부디 과거에 했던 실수나 실패의 기억에서 헤어나지 못해 자신의 가능성을 제한시키거나, 존재가치를 너무 가볍게 여기지는 말자는 것이다.

우리는 스스로의 위대함과 진가를 알아야 한다. 세상의 수많은 베풂과 은혜로 살려지고 있는 우리 자신이 얼마나 놀라운 존재인지, 얼마나 귀한 존재인지, 부디 우리 자신을 믿자. 나를 믿어주자!

내가 나를 안 믿어주면 누가 나를 믿어주겠는가? 믿어서 스스로에게 기회를 많이 주자. 믿지 못해 불안하니 도전해 볼 엄두를 못 내는 것이다. 자꾸 주저하면서 계속 기회를 놓친다. '나는 할 수 있다'는 마음이 잘 안 생기면, 최소한 해볼 수 있는 기회라도 막지 말자. 우리는 우리 자신에게 기회를 뺏을 자격이 없다.

내가 뭘 원하는지 모르기 때문에 불안하다

내가 원하는 게 아니라 남들이 하니까 따라 하다 보면 만족은 없고 불안감만 더욱 커져간다. 내가 원하는 걸 찾고 배우다 보면 하나둘 알게 되어 실력이 쌓이고, 더불어 성취감과 자신감을 느끼면서 삶의 만족도가 올라갈 텐데, 그렇지 않을 경우에는 이게 맞는 건지, 저게 맞는 건지 뭘 해도 만족스럽지 못하다. 원인은 모두 내가 원하는 게 뭔지 몰라서다.

남과 비교하기 때문에 불안하다

개나리는 자신의 노랑 빛깔의 아름다움을 보지 못하고 분홍 빛깔의 진달래만 바라보며 '나는 왜 저렇게 은은한 분홍 빛깔이 아닌 걸까? 이 촌스러운 노랑이 너무 마음에 안 든다. 난 진달래가 부러워'라고 생각한다. 한편 진달래는 '화사하고 밝은 샛노란 개나리처럼 나도 노랑 빛깔이면 얼마나 좋을까? 이 분홍빛은 개성도 없고 너무 촌스러워. 난 개나리가 부럽다'라고 생각한다.

개나리와 진달래는 비교할 수 없는 절대적 가치를 지녔다. 개나리는 개나리만의 개성과 아름다움이 있고, 진달래는 진달래만의 아름다움이 있는데, 서로 자신의 것은 안 보고 남만 쳐다보며 그렇게 되지 못한 자신의 처지가 불만족스러워 안심하지 못한다.

자기가 뭘 원하는지 아는 사람은 다른 사람을 그다지 쳐다보지 않는다. 남들이 나를 어떻게 볼지, 남들이 나에게 뭐라고 할지, 나의 행동을 좋게 보는지에 그다지 관심이 없고, 남의 칭찬에도 민감하지 않다.

반면 자기를 모르고 자신이 뭘 원하는지 모르는 사람일수록 자꾸 남을 쳐다보고 신경 쓴다. 뒤처짐에 대한 불안감을 안고 남의 시선을 의식하며 사느라 내 소중한 시간을 낭비한다.

우리가 안심하기 어려운 것은 마음을 편안히 내려놓지 못하기 때문이다. 앞에 말한 불안의 이유 네 가지만 직시해도, 내 불안의 원인이 외부에서 오는 게 아니라 바로 나의 내부에서 온다는 것을 알 수 있을 것이다.

마음이 위축되면
몸도 정신도 위축된다

마음이 아프면 몸까지 아프다

어느 날 길을 지나는데 내과보다 신경정신과 간판이 훨씬 더 많이 눈에 들어왔다. 현대인들의 마음살이가 얼마나 어려워졌는지 대변하는 듯했다. 이웃에 사는 지현 씨는 코로나19가 터진 후로 마음이 많이 위축되어 밖에 나가기도 싫고, 사람도 싫어지며, 항상 토할 것 같은 기분에 우울하고, 바보가 되어가는 느낌이 든다고 했다.

지난 5년간 899만 명, 전 국민의 약 5분의 1이 우울·불안장애로 진료받고 있다고 한다. 코로나19 발병 이전 대비 14퍼센트가 증가했고, 특히 20대에서는 42퍼센트(28만 명)가 증가한 것으로 드러났다. '나는 지금 괜찮다, 나는 잘될 거다, 나는 제대로 잘 살고 있다'라는 확신이 없어서일까? 미래에 대한 불안으로 우울감이 커

24

져간 청년 세대부터, 100세 시대를 외로움과 고립의 두려움으로 맞고 있는 노년층까지 코로나19는 우리의 몸뿐만 아니라 마음까지 병들게 했다. 불안과 우울감은 나의 생각과 마음을 잠식하여 몸을 아프게도 한다. 한번 위축된 마음은 사람 사이의 관계를 방해하기도 하고, 기본적인 일상의 것들을 해내지 못하게도 만든다.

일한 것도 아니고 논 것도 아닌 애매한 휴식

모름지기 놀 땐 놀고, 일할 땐 일하고, 공부할 땐 공부하는 사람이 잘 사는 사람이다. 그런데 안타깝게도 휴식 시간에도 마음은 여전히 쉬지 못하는 경우가 있다. 논 것도 아니고 일한 것도 아닌, 애매한 휴식을 취하는 경우 말이다. 주변에서 흔히 볼 수 있는 완벽주의자들, 잘 해내야만 한다는 강박으로 마음이 쪼그라든 이들이 주로 그렇다.

완벽을 추구할수록 본인이 얼마나 성취하고 성공하고 있는지보다, 얼마나 실패하고 부족한지에 더 포커스를 맞추고 있는지를 모른다. 90점을 이루고도 만족하고 자랑하기보단, 부족한 10점에 스스로 억눌러 안심하지 못하는 걸 많이 보았다. 남보다 몇 배는 더 열심히 하면서도 계속 불안하고, 자신이 뭔가 잘하지 못하고 있는 것 같다는 죄책감에 시달리니 정말로 안타까운 일이다.

내 마음 들여다보기가 무엇보다 중요하다

몸과 마음의 건강을 위해 가장 우선적으로 할 일은 자기 자신을 잘 관찰하는 것이다. 내 마음 상태를 들여다보고, 나의 목소리를 들으며 낭독을 하거나, 담담하게 자신과 마주하는 글을 쓰는 것도 도움이 된다.

불확실한 것을 구체적으로 만들면 불안이 줄어든다고 한다. 그중 하나가 바로 '쓰기'인데, 쓰기만 해도 불안이 진정된다고 한다. 마음의 소리를 듣다 보면 어느 순간 나의 과거와 현재, 미래가 연결되어 있음을 느끼며, 진정으로 지금의 나를 마주하고 받아들일 힘이 생길 것이다.

마음 들여다보기와 더불어 마음이 위축될수록 호흡과 친해질 필요가 있다. 틱낫한 스님은 "의식적인 숨쉬기가 우리를 고요함, 신선함, 안정감, 자유로움으로 이끌고, 현재를 내 삶의 최고의 순간으로 바라보게 해준다"라고 강조하셨다. 일단 숨을 깊게 내쉬고 깊게 들이마시는 심호흡을 해본다. 언젠가 "너무 불안해서 심장이 뛰고 손발이 떨린다"라는 카카오톡 메시지에 심호흡과 합장을 안내해 도움을 드린 적이 있다. 풍선이 부풀어 오르듯이 배가 불룩 나오게 숨을 깊이 들이마시고 그 상태를 2초간 유지했다가, 조금씩 천천히 오래도록 내뱉는다.

부정적 생각이 들면 거기서 얼른 빠져나와 지금 내가 발 딛고, 숨 쉬고 있는 이곳을 의식해 본다. 안 좋은 일이 생길 것 같다는 불안한 마음, 과거에 경험한 부정적인 기억이 자꾸 떠오르면 이렇게 소리 내어 말해보자. "과거는 이미 지나갔고, 미래는 아직 오지 않았으니, 오직 지금에만 집중해 보자. 지금 걱정하고 불안해하는 일은 올지 안 올지 아무도 모른다." 이어서 손가락을 움직여보고, 주먹을 쥐었다 폈다 해보고, 귀를 열어 주변의 소리도 들어보자. 불안한 마음에서 벗어나는 데 도움이 될 것이다.

마음의 건강은 자신과의 친밀함에서 싹튼다. 내가 지금 어떤 생각을 하고 있고 어떤 감정을 느끼고 있는지, 있는 그대로 바라봐주고, 인정하고 받아들이면서 나와 화해하는 것이다. 불편해서 외면했던 나의 지난 시간들, 나의 역사, 내 삶을 가감 없이 마주하며 나와 친해질 때 마음은 자연스레 건강해지는 것이다.

무릇 인생에 어려운 시기는 반드시 오기 마련인데, 이럴 때 몸과 마음이 건강한 사람은 어떤 어려움과 고난이 와도 능히 이겨낼 수 있을 것이다.

초심력은 삶의 시작이자
과정이며 종착지다

지금까지의 방식대로 살아도 괜찮은 걸까

세상이 빠르게 변화하고 있고, 4차 산업혁명의 흐름 속에서 기존에 없던 새로운 것들이 계속 나오고 있다. 기존에 가치 있다고 여겨졌던 것들, 관습 등이 모두 육종진동(六種震動: 세간에 상서로움이 있을 때 대지가 진동하는 여섯 가지 모양)이 일어나듯이 갈아엎어지는 기분이다. 신흥부자들은 하나같이 '열심히만 한다고 될 게 아니다. 앞으로 직장 개념은 사라지고, 한 사람이 보통 10~20개 정도의 직업을 가지고 살게 될 것'이라고 한다. 직업도 기존의 80퍼센트가 사라지고, 80퍼센트의 새로운 직업이 생길 거라는 전망도 있다.

우리가 요새 많이 접하게 되는 흙수저에서 성공한 사례들을 보더라도 기존과 전혀 다른 스토리를 가지고 있다. 좋은 대학을 나오고 좋은 직장에 취업하는 게 성공의 방정식이었다면, 요새는 성

28

공의 기준도 성공하는 방식도 바뀌었다. 돈 버는 방식과 소비 행태도 바뀌어서 예전엔 물건을 소비했다면 지금은 경험을 소비한다. 물건의 성능을 보고 소비하던 것과 달리 지금은 그 물건을 통한 내 경험을 소비하는 것이다. 그 경험의 가치를 공유할 수 있는 사람들과의 관계 비용에 기꺼이 내 주머니를 여는 시대가 되었다.

마음의 힘이 필요한 때

다양한 변화의 물결 속에서 사람들은 자칫 외부적인 상황이나 조건들에 휘둘리기 쉽다. 기존의 방식이 아닌 변화무쌍한 일상 속에서 정해진 바가 없고 정답이 없으니 '내가 이렇게 하는 게 과연 잘하는 걸까? 맞는 걸까?'라며 자신이 내리는 판단에 대한 확신이 부족하다. 그래서 다른 사람의 삶에서 보여지는 것들을 기준으로 삼고 판단하고 결정하며 평가하기가 쉽다. 혹시 지금 남을 처다보며 '남들은 어떻게 했지? 남들은 지금 뭐하고 있지? 남들은 나 보고 뭐라고 하지?'라고 신경 쓰고 있는가? 그렇게 남의 눈치를 보며 남에게 포커스를 맞추고 남의 인생을 살고 있다면 마음의 힘이 필요한 때이다.

오늘날과 같은 급변기와 대변혁기에는 자신에 대한 믿음이 더욱 중요하다. 내가 원하는 게 무엇인지, 나는 무엇을 좋아하고, 무엇을 할 때 행복한지, 나는 어떤 것을 가치 있게 여기고 사는지 아는 게 중요하다. 다른 사람의 기준이나 잣대가 아닌, 자주적으로 내 삶의 기준을 만들며 삶의 주인으로 살아가는 힘! 남이 무엇을 하건, 내게 뭐라 말하건, 거기에 상처받거나 휘둘리지 않는 힘이 필요하다. 나 자신을 만족시키고 감사히 살아가는 초심력이 필요한 때가 바로 지금이 아닌가 한다.

나에게 집중하고, 나의 내면의 소리에 귀 기울이고, 나는 지금 이것에 대해 어떻게 보고 있는지, 지금 내 마음 상태는 어떠한지 등 나를 잘 볼 수 있어야 한다. 나를 잘 봐서 나를 잘 알고, 나를 잘 만나고, 나의 소리를 잘 들으며 나를 존중할 수 있어야 한다.

나를 존중한다는 건 '내 것만이 옳아! 내 의견과 내 방식만 맞아! 내 것만 제일 중요해! 나만 잘되어야 해!'와 같은 유치함을 말하는 게 아니다. 나밖에 모르는 이기심이 아니라, 어떤 경우에도 절대적인 존재가치를 지니는 나의 생명에 대해 존중하고 귀중하게 여기는 마음이다. 나로부터 출발해서 나와 남이 함께 어우러져 동시에 행복하고 동시에 잘 되는 쪽으로 지혜롭게 살아가는 힘이다. 나만 잘되는 것도 아니고, 나만 희생하는 것도 아닌, 나와 남이 동시에 잘 되고, 동시에 성장하고, '동시에 이로운 지혜'가 바로 초심력이다.

'너는 소중한 존재야'

그러려면 내가 누구인지를 알고 나와 남의 관계성을 제대로 인식하는 게 중요하다. '너'는 '나'를 비추는 거울이요, '너'라는 이름의 또 다른 '나'임을 알아야 한다. 이 세상에는 나 아닌 존재가 없고, 나 따로 너 따로가 아니다. 우리는 동시적 존재이고 연기적인 존재이다. 다들 성공을 외치며 성공을 향해 달려가지만, 성공보다는 성장과 성숙이라는 열매를 맺게 하는 '성찰'이 더 중요하다고 나는 늘 믿는다. 성공하는 삶보다 성찰하는 삶, 성장하는 삶, 지혜로운 삶을 추구하는 것. 즉 어떤 행위에 대해 대가나 보상을 바라지 않고, 나라는 존재를 잊는 무상무아無常無我가 필요하다.

코로나19가 터진 후 1년이 막 지나던 무렵에 인스타그램을 시작하고 많은 사람들을 만났다. 그 과정에서 안타까운 게 많았다. 사람들이 너무나 많이 남의 시선을 의식하고 있었다. SNS를 통해 남이 하는 일과 살아가는 모습을 담은 정보가 너무나 과다하게 실시간으로 전달되니, 보고 싶지 않아도 보게 되는 상황이었다. 그 속에서 삶의 이면은 보지 못하고 찰나의 순간에 담긴 겉모습만 가지고 남과 자신을 비교하면서 상대적 열등감, 상대적 박탈감으로 불안해하고 조급해하는 것이었다. 그러면서 자신의 존재가치나 삶의 가능성을 읽기보다는 스스로를 너무 낮게 평가하다 보니 자존감이 떨어져 있고 우울감에서 헤어나지 못하는 게 무척 안타까웠다.

'너는 소중한 존재야!'라고 알려주고 싶었다. 생각의 전환, 관점의 변화를 주고 싶었다. 그런 작은 하나의 계기만 있어도, 물꼬만 터줘도 상당히 큰 변화가 오고 생각지도 못했던 가능성이 펼쳐진다는 걸 알기 때문이다. 이야기를 들어주고 대화를 나누는 과정에서 오랜 시간 묵혀뒀던 감정들, 차마 표현하지 못했던 아픔과 앙금을 그저 들어주고 존재가치에 대한 부분을 살짝 터치만 해주었는데도 큰 변화를 가져왔다. 마음에 응어리가 풀어지고 상대를 바라보는 자신의 관점이 바뀌며, 마음의 힘을 얻는 것을 보았다. 그리고 인생의 큰 숙제가 해결되는 걸 직접 보면서 마음을 나누는 일의 가치와 보람을 느꼈다. 이런 메시지들이 필요하겠구나 싶었고, 이런 내 마음을 꼭 글로 전하고 싶었다.

결국 사람의 마음이 가장 중요하다

아무리 세상이 바뀌고, 기술이 바뀌며, 삶의 방식이 바뀐다 해도 결국 중심은 사람이다. 사람이 먹고, 사람이 자고, 사람이 웃고, 우는 세상이다. '사람 인(人)' 자를 봐도 알 수 있듯이 사람과 사람이 서로 기대어 다른 사람과 더불어 살아가야만 사람이다.

인간은 결코 홀로 존재할 수 없고 상호보완적으로 존재한다. 결국은 '사람이 살아가는' 세상이고, 사람을 위해 '사람과 사람이 만들어갈' 세상이다. 생활의 편리와 효율성을 위해 AI가 우리 삶에 깊숙이 침투한다 해도, 사람이 사람을 믿고, 사람에게 위로받고, 용기를 북돋워 주며, 사람의 기를 살리는 일은 AI가 대신해 줄수 없다. 기술이 사람의 마음을 완벽하게 대신해줄 수는 없기 때문이다. 그러기엔 분명히 한계가 있다. 이것이 바로 사람의 마음이 무엇보다 중요하고 어느 때보다도 중요한 이유이다.

초심력은 삶의 뿌리를 내리고 지혜로워지는 길

존재하는 모든 것들은 그 뿌리가 튼튼해야 한다. 예쁜 꽃과 열매를 바라기 전에 뿌리부터 튼튼하게 내려야 한다. 나라는 존재의 근원인 뿌리를 내 삶 속에 잘 내려서 강풍에도 뽑히지 않으며 뿌리가 튼튼한 상태로 살아가는 게 필요하다. 내 삶의 뿌리를 튼튼하게 내리는 게 바로 초심력이다. 그렇게 지혜로워져서 나와 남이 동시에 잘되는 길을 가고 싶어서 나의 부캐 이름이 '무상무아'다. '무상무아'는 항상 변하여 고정된 모습이 없고, 나라고 하는 고정된 실체도 없다는 뜻으로, 제행무상諸行無常과 제법무아諸法無我에서 따온 이름이다.

무상과 무아를 지향하기에 '나만 잘되어야지'라는 마음을 경계한다. 나 잘되는 거에만 초점을 맞추기보다는 남을 잘되게 함으로써 더불어 나도 잘되는 길을 연구하고 관심을 갖는다. 어떻게 하면 남도 행복하고 나도 행복할까를 동시에 고민한다. 그러려면 단정적인 사고를 한다든지 어떤 편견이나 선입견을 가지면 곤란하고, 마음은 언제나 열려있어야 한다.

너와 나에 대해서 관심 갖고, 너의 말에도 잘 귀 기울일 수 있어야 한다. 사람의 마음을 읽고 그 사람의 마음을 들여다보려 노력하며, 그 마음을 잘 들어주는 것이 필요하다.

삶은 결국 마음을 만나는 일이다. 초심력은 나와 너의 마음을 읽을 수 있고 보듬어줄 수 있어야 하며, 얄팍하게 눈앞의 이익을 위해 나만이 빛나도록 거짓을 행한다든지, 무언가를 위해 자신과 남을 속이지 않는 것이다. 그런 건 금방 드러나고 오래 가지 못하니까! 그래서 초심력은 나 자신을 신뢰하고 다른 이를 신뢰하는 일이다.

존재하는 모든 것들은 그 뿌리가 튼튼해야 한다.

예쁜 꽃과 열매를 바라기 전에 뿌리부터 튼튼하게 내려야 한다.

나라는 존재의 근원인 뿌리를 내 삶 속에 잘 내려서

강풍에도 뽑히지 않으며

뿌리가 튼튼한 상태로 살아가는 게 필요하다.

내 삶의 뿌리를 튼튼하게 내리는 게 바로 초심력이다.

2장

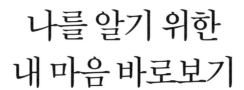

나를 알기 위한
내 마음 바로보기

마음, 그건
누구 것일까

마음은 어디에서 와서 어디로 갔을까

다양한 분들로부터 전화를 받는다. 대부분 마음이 힘들거나 뭔가 고민이 있을 때 "그냥 목소리가 듣고 싶어서요", "힘이 필요해서 전화했어요"라고 한다. 그런 말을 들을 때면 참 감사하다. 이야기를 들어줄 수 있고, 대화를 통해 힘을 얻을 수 있다는 것은 얼마나 고마운 일인가! 마음의 짐을 덜고 새 마음을 채운 그들의 목소리는 어느새 전화를 걸었을 때의 땅이 꺼질 듯하던 목소리와는 완전히 달라져 있다. 그들의 무거웠던 마음은 어디로 갔으며, 가벼워진 마음은 어디서 온 것일까? 마음, 그것은 무엇이고 누구의 것일까?

'미역국'은 내 마음이 만들어낸 징크스다

똑같은 상황인데 어느 날엔 잘 넘어가고 어느 날엔 마음의 돌부리에 걸려 넘어진다. 분명히 어제는 이 일로 아이에게 화를 냈는데, 컨디션 좋고 기분 좋은 오늘은 '그래 그럴 수도 있지' 하며 부드럽게 넘어간다. 같은 일도 내 기분 따라 다르게 다가오는 것이다.

'징크스'는 또 어떤가? 시험 보는 날 웬만하면 다들 미역국을 먹지 않는다. 미역국을 먹는다고 해서 오늘 시험에 무슨 영향을 끼치겠는가? 그런데도 우린 시험 보는 날 미역국 먹기를 꺼린다. '굳이 뭐 하러?' 하면서 말이다. 사실 미역국과 시험은 아무 상관관계가 없다. '미끌미끌한 미역국을 먹으면 시험에 미끄러져서 떨어질까 봐' 하는 불안한 나의 마음만 있을 뿐이다. 나 역시도 그런 말을 들으며 관습 속에서 커왔기에, 시험 보는 날 아침은 물론이고 합격 발표가 있는 날조차도 미역국을 먹어본 일은 없는 것 같다.

또 거울이 깨지거나 물건이 떨어지면 뭔가 안 좋은 생길 것 같은 불길한 예감을 느낀다. 이렇듯 '꼭 이 일만 하면 일이 제대로 안 풀려', '이럴 땐 꼭 이렇게 되더라'라는 고정관념이나 불문율이 개인에게 그리고 공동체에 존재한다. 그게 다 무엇인가? 마음의 작용이다. 내 마음이 징크스를 만들고 나 스스로 징크스의 영향을 받는 것뿐이다.

재수 없을 거라는 생각이 재수 없는 현실을 불러온다

오래 전, 남편이 시험을 보러 가는 날 아침이었다. 현관에서 신발을 신는데, 나가면서 버리려고 챙겨둔 유리 접시가 떨어져 깨졌다. 순간 '오늘 내가 마음을 잘 먹어야 한다'고 생각했다. 수험생은 남편이지만 마음은 다 통하게 되어 있어서 내가 부정적으로 생각하면 그 마음이 남편에게 전달될 것을 알고 있었기 때문이다. 그래서 가장 먼저 "깨졌네!"라고 인정했다. 그리고 더 이상 생각을 키우지 않았다. 그냥 염불을 했다. 내 마음에 아무런 영향을 주지 않는 하나의 사건으로만 두고 잘 수습해서 버린 후, 남편을 시험 장소로 태워다 주고, 온종일 그를 위해 기도했다.

그날 이후로 아침에 접시가 깨지고 컵이 깨져도 나는 이제 아무렇지 않다. 그냥 깨졌다는 사실을 인정하기 때문이다. 거기에 어떤 해석도 붙이지 않는다. 부주의가 되었든, 그릇이 낡았든, 어쨌든 '깨질 만한 조건들이 합해져서 깨진 것뿐'이다. 아침에 접시가 깨졌다고 해서 오늘 온종일 재수가 없는 게 아니다. 재수 없을 거라는 내 생각이 재수 없는 현실을 불러올 뿐이다. 접시 깨진 것과 재수와는 아무 상관이 없다. 둘을 엮는 건 철저히 내 몫이다. 거기에 부정적 해석을 붙이고 그 속에서 내가 자발적으로 지배를 받는다. 관습과 학습된 것의 영향이겠는데, 이젠 생각의 굴레로부터 자유로워질 필요가 있다.

미역국을 먹어서 시험에 미끄러진 게 아니고 준비가 부족해서 미끄러졌듯이, 깨진 접시도 어떤 조건이 합쳐져 일어난 '사소한'

사건에 불과하다. 사건은 그냥 사실이고, 재수 없을 거라는 건 해석이다. 해석을 한번 해버리면 우린 거기에 속박된다. 사실과 해석을 섞지 말자. 사실을 그저 사실대로 보자. 깨지면 그냥 잘 싸서 쓰레기통에 버리면 그만이다. 그걸로 상황 종료다. 더 이상 붙잡지 말자. 재수 없을 것이라는 '생각'과 '염려'가 나를 그 재수 없는 상황에 가둔다. 마음을 가볍게 가져갈 일들도 내가 마음먹기에 따라서 천근만근 무거워질 수 있는 것. 그것이 우리 마음이 하는 일이다.

그 철학관 아저씨 참 용하셔!

어려서 할머니, 할아버지를 모시고 살았고, 특히 할머니 회갑에 태어난 나는 엄마가 밭에서 일하시는 동안 항상 할머니 등에 업혀 있었다. 돌아가실 때까지 건넌방에서 함께 자며 많은 사랑을 받은 덕분인지 지금도 할머니, 할아버지들이 친근하고 그분들과 잘 통한다. 게다가 오빠 둘에 언니 하나, 4남매의 막내여서 오빠들과 언니의 영향도 많이 받고 자랐다. 열 살 위 큰오빠가 대학 다닐 무렵, 영어를 모르는 초등학생인 내게 "이 노래 무지 좋다! 오빠 따라 해봐"라며 영어 팝송 가사를 소리 나는 대로 연습장에 한글로 적고 따라 부르게 했다. F.R 데이비드의 〈Words〉가 히트 쳤던 시절, '윌쓰 돈캄이지 투미…'라고 연필로 받아쓰기했던 그 종이가 지금도 생생하다.

아침이면 마당의 수돗가에서 하늘을 바라보고 양치질을 하며 한 손에는 칫솔을, 한 손에는 바가지를 들고 송창식의 '눈이 부시게 푸르른 날은~~'을 부르곤 했던 큰오빠의 영향으로 나는 여고 시절 합창단을 했는지도 모른다.

볼링을 좋아하고 주말이면 산엘 다니던 언니! 나보다 여덟 살이 많았는데 중학생 때 언니 친구들을 따라 산엘 갔던 기억도 난다. 언니가 10년간 신다가 시집갈 때 두고 간 누런 K2 가죽등산화를 신고서 날다람쥐처럼 산을 누비다, 15년 뒤에 낡아서 버릴 땐 차마 그 이별이 힘들었다. 대학 친구들과 방학이면 이 산 저 산을 다니던 작은오빠 모습까지 내게는 다 영향을 준 자양분이었다.

언니 오빠들 덕분에 나보다 연배가 높으신 분들과도 올드팝의 취향이 통하고 마음을 나누는 데도 편안하다. 이렇게 형제들의 영향으로 나는 '대학엘 들어가면 친구들과 여행을 다니며 명산에 올라야지'라는 생각이 은연중에 있어서 대학 4학년 여름방학 때 지리산 종주를 준비하고 있었다.

그러나 현생에서는 조경기사자격증 시험 준비로 전력을 다하고 있었다. 어느 날 친구가, "영애야. 넌 자격증 공부 괜찮아? 난 조경이 적성에 맞지 않는 거 같애. 그래서 자격증 공부도 잘 안돼. 진로도 답답하고. 철학관에 가서 진로 좀 묻고 싶은데 혼자는 못 가겠어. 같이 가줄래?" 하고 물어왔다.

나는 별 마음이 없었지만, 친구를 위해 이대 앞에 줄지어 있던 철학관 중 한 곳엘 들어갔다. 난생처음 가본 철학관이었는데, 1평남짓한 작은 방이었다. 친구 사주를 다 보고 난 뒤, 아저씨는 방 입구 귀퉁이에 앉은 내게 이렇게 말씀하셨다. "친구 생년월일은 어떻게 돼요? 이리 와서 앉아봐요." 머릿속에 온통 자격증 준비와 취업으로 꽉 차 있던 나는 "저는 사주 보고 싶은 마음이 없어요. 안 궁금해요"라고 잘랐다. 어려서부터 시골 동네에 교회가 있어도 끌리지가 않았고, 오빠들, 언니는 한 번씩 교회 문제로 부모님과 부딪힘이 있었으나, 나는 어려서부터 엄마 따라 절에 잘 다녔다.

손이 없으셨던 증조할아버지께서는 식사리에서부터 북한산 홍국사까지 쌀을 이시고 걸어서 백일불공을 드려 할아버지를 낳으셨다고 한다. 시집 오시고 시아버님의 탄생 이야기를 듣게 되신 엄마께서는 우리 집안의 원찰인 홍국사에 잘 다니셨다. 엄마 따라 절에 가서 절을 하면 마음이 편안했고, 풍경 소리가 좋았으며, 향 냄새가 좋았다. 대학에 가서도 불교학생회 동아리 활동을 즐겁게 했다. 내 마음속에 항상 부처님이 계셔서인지 나는 정말로 사주가 별로 궁금하지 않았다.

"그래도 이왕 이렇게 왔는데, 뭐 걱정되는 거나 궁금한 거 없어요?"

"아, 그러면 한 가지 지금 염려되는 게 있긴 한데요. 다음 주에 지리산 종주를 할 계획인데 방송국에 전화해서 기상캐스터님과 통화해 보니 장마철이라 비가 올 거라고 하네요. 대학 졸업 전에 꼭 지리산 종주를 하고 싶은데, 다음 주밖에 시간이 나질 않아요. 그때 가야 할지 말아야 할지 그게 좀 고민돼요"라고 답했다.

생년월일을 들으시고 "어디 보자" 하시더니 잠시 후 아저씨는 나직한 소리로 이렇게 말씀하셨다.

"지리산에선 귀인이 나타나 도움을 주실 거니 가봐요. 그리고 사주가 이런 데 드나들 사주가 아니네요. 앞으로 사주 볼 필요 없어요(저도 그럴 생각이었다고요!). 본인 생각이 올바르고 심지가 굳으니 그냥 자신의 생각대로, 마음 가는 대로 살면 돼요. 앞날이 탄탄대로에요!"

마음은 이미 알고 있다

그때 그 말이 지금까지도 영향을 주는 게 사실이다. 나는 "심지가 굳고 생각이 올바르니 나의 생각대로, 내 마음 가는 대로 살아라. 나의 앞날은 탄탄대로다"라는 말이 좋았고 그 말을 그대로 받아들였다. 내가 그 말을 선택했다! 나는 내 생각대로, 내 마음 가는 대로 살겠다고. 내 앞길은 탄탄대로라고 그 자리에서 스스로에게 선언을 한 것이다. 그 아저씨는 '내 마음의 소리에 귀 기울이며' 살도록 해주신 고마운 존재다.

불안하고 답답할 때 점집에 가고 싶은 유혹이 클 것이다. 그러나 그럴 땐 자기 마음을 잘 보면 된다. 남에게 물을 게 아니라 자기에게 물어야 한다. 내키지 않으면 하지 않는 게 상책이고, 내 마음이 내키는 게 정답이다. 우리 마음은 이미 다 알고 있다. 다만 그것을 선택할 용기가 부족하고, 그에 따라오는 결과를 감당하고 책임질 것이 두려운 것뿐이다.

자신에 대해 스스로 어떻게 생각하는지는 참 중요하다. 내가 얼마나 가치 있고 소중한 존재인지 깨닫고, 내 생각을 존중하며, 내 마음에 귀 기울여서 지혜로운 선택을 하고, 그에 따른 결과는 어떤 게 펼쳐져도 능히 감당하고 책임지는 태도가 중요하다.

인생에 정답은 없다. 마음에도 정답은 없다. 그저 나의 선택과 책임만 있을 뿐이다.

나는 원인이고
결과다

그 나무는 왜 뽑혔을까

내가 사는 아파트단지 내 근린공원을 매일 거닐며 인사를 나누는 나무들이 있다. 대여섯 그루의 스트로브잣나무는 십수 년을 땅속에 있다가 몇년 전 강풍을 동반했던 태풍에 뒤집혀 뿌리째 뽑혔다. 생명의 근본이 뜯겨나간 채 처참하게 쓰러져 있는 모습에 가슴이 아려왔다. 맡고 있던 유적지 현장에서도 그 나무 여러 그루가 쓰러졌다. 세찬 바람에 견디다 못해 쓰러지면서 얼마나 무섭고 두려웠을꼬!

그 나무들은 산책로 인근에서 화사한 모습을 띠며 큰 사랑을 받던 꽃피는 나무는 아니었다. 먼발치에서 울타리 역할을 하고 든든한 뒷배경이 되어주던 늘 푸른 나무들이었다. 근원 직경(지면과 만나는 나무의 둘레)이 40센티미터를 훨씬 넘고, 높이 또한 20미터는

족히 넘는 거목들이다. 우리나라 자생종은 아니고 바다 건너 미국에서 시집와 살고 있는 상록침엽수인데, 공해에 강하고 이식 후 활착력도 매우 좋다. 그래서 어느 조건에서나 잘 자라는 특징이 있어 조경수로는 꽤 많이 심어지는 수목이다. 자생 잣나무와 달리 잣은 먹지를 못하고, 미끈하게 잘빠진 몸매와 가는 잎으로 여성적 매력을 뽐내는 나무이기도 하다.

이런 큰 나무의 거대한 뿌리를 눈앞에서 생생하게 본 적은 처음이었다. 나무를 옮기기 위해 뿌리를 감싸고 굴취(掘取)한 분(盆)은 볼 수 있어도, 땅속뿌리 자체를 보는 건 드문 일이니까.

한동안 멍하니 그 자리에 서 있었다. 워낙에 이 나무가 아래로 뿌리를 내리기보단 옆으로 뿌리를 내리는 특성 때문에 강풍에 많은 피해를 본 것이라 이해하면서도, 그 자리를 쉽게 뜰 수 없었던 것은, 그 뿌리가 내게 법문으로 다가왔기 때문이다.

'근본 없이 산다면 그 인생이 무슨 의미가 있겠는가?'
'삶의 뿌리를 잘 내려야만 제대로 사는 것!'
'나의 뿌리 점검은 어떻게 해야 할까?'

뿌리가 땅속에 잘 내려지면 줄기는 자연히 잘 뻗고, 가지와 잎과 꽃도 어여삐 피어, 열매가 열리는 것은 자연의 이치다. 뿌리가 튼튼하다면 꽃과 열매를 걱정할 필요가 없다. 인생에서 최우선 순위에 두어야 할 것은 뿌리이지, 겉으로 보이는 꽃과 열매가 아니다.

삶의 뿌리를 내려야 잘 사는 법이다

몇 년 전에 죽음의 현장이라 불릴 정도로 나무만 심으면 다 죽어 나가는 구석기 유적지 현장을 맡은 적이 있었다. '건강하고 좋은 나무들이 들어와 죽어 나간다면 이건 뿌리의 문제겠구나.' 하는 판단이 들어 식생토양을 점검해보았다. 그랬더니, 역시나 배수가 전혀 되지 않는 상태였다. 이후에 배수시설부터 대대적으로 전면 보강을 한 후 나무를 심었고, 그로부터 6년이 지난 지금까지도 죽은 나무가 거의 없어 보람으로 남는 곳이다. 그만큼 뿌리가 중요한 것이다.

인생에서도 근본을 잃지 말고 살아가라는 가르침을 나무에게서 듣는다. 우리의 생명은 존귀하고 절대 자유로우며 무한하다. 그런데 번뇌, 망상에 휩싸여 그 사실을 모르고 일희일비하면 뿌리 뽑힌 나무만큼이나 우리의 삶도 처참할 것이다.

뿌리 상태는 겉으로 봐서는 알 수가 없다. 내 뿌리가 튼튼한지는 어려움과 난관에 맞닥뜨릴 때 내가 어떻게 반응하는지를 보면 안다. 보이는 현상에 휘둘리고, 화나는 마음을 분출하며, 대립각을 세워 지옥의 고통을 헤매며 쓰러져 넘어지는지, 아니면 나의 아집과 아만(잘난 체하는 마음)을 꺾어주고자 짐짓 그 모습으로 온 걸 알고 공부의 기회로 삼는지, 스스로를 보면 안다.

온몸을 송두리째 뽑아버릴 세찬 바람이 불어오지 않았다면 그 나무의 뿌리 상태를 알 수 없었을 것이다. 겉모습만으로 우람하고 키 크며 멋진 나무로만 알았을 거다. 센 바람을 맞아봐야 자신의 상태를 알 수 있고, 어려움을 딛고 일어날 때 내 뿌리가 튼튼함을 알 수 있다. 그러므로 고난과 역경은 삶의 뿌리를 점검해 볼 수 있는 좋은 기회다. 뽑힌 나무뿌리 앞에서 근본 없는 사람이 되지 않겠다고, 뿌리를 내리지 못한 사람으로 살지 않겠다고 다짐해 본다.

나는 원인이고 결과다

어릴 적부터 비 오는 날을 좋아했고, 커서도 비 오는 날이면 종일 일손을 놓고 음악을 들으며 차를 마시곤 했던 기억이 난다. 커서 알게 된 사실이지만, 비가 아니었으면 나는 하마터면 이 세상에 나오지 못했을 처지였다. 부모님께서 부득이한 사정으로 나를 포기하시려고 어렵게 병원 일정을 잡아놓으셨는데, 갑자기 큰 비가 여러 날 그치지 않고 오는 바람에 논둑이 터졌다고 한다. 일꾼들 밥을 지어 나르다가 그만 때를 놓쳐, '이 아이를 낳으라는 하늘의 뜻인가 보다' 하며 나를 낳으셨다. 그래서 내가 유난히 비를 좋아하는 걸까?

장마가 시작되어 비 오는 어느 날, 빗방울이 송골송골 맺혀있는 연잎을 바라보았다. 경복궁 향원지의 수련을 전통 연으로 모두 바꾸는 공사의 인연으로, 연뿌리를 하나 얻어 화분에 작은 연못을 만들어 심었다. 며칠이 지나자 꽃대가 빠끔히 얼굴을 내밀며 수줍게 물 위로 올라와, 반가운 마음에 저절로 합장이 되었다(줄기의 힘이 약한 수련은 잎이 수면 위로 올라오지 못해 떠다니는데, 연꽃은 힘이 있어서 수면 위로 올라온다. 잎도 수련은 작으면서 한쪽이 갈라져 있지만, 연꽃의 잎은 크고 단순한 원형이다). 물 위를 뚫고 올라오는 잎들을 한 잎 한 잎 만날 때마다 합장 인사를 나눈다.

7월은 바야흐로 연꽃의 아름다움을 즐길 수 있는 계절이다. 사찰에서 가장 많이 사용되는 문양이 바로 연꽃이다. 마야 부인의 옆구리에서 태어난 싯다르타 태자가 사방으로 일곱 걸음을 뗄 때, 발자국마다 연꽃이 피어났다고 한다. 연꽃 한 송이를 들어 가르침을 전한 염화미소, 불상을 봉안하는 좌대를 연화대라고 하며, 불상 뒤 대부분의 광배도 서방정토에 왕생할 때 연꽃 속에서 태어나는 연화화생으로 표현된다. 고구려 벽화에 나타나는 연꽃, 삼국시대 기와의 주된 무늬인 연화문, 고려 불화와 고려청자의 연꽃 문양, 범종을 칠 때 당목이 닿는 부위인 당좌에도 연꽃 장식이 많다.

또 연꽃은 성리학의 창시자인 주돈이(주염계, 존칭하여 '주자')가 '애련설(愛蓮說)'에서 '꽃 중의 군자'라 칭한 이래 사대부들에게도 큰 사랑을 받았다. 연꽃을 특히나 사랑했던 숙종은 창덕궁 후원에 연못과 정자를 짓고 이름을 애련지와 애련정이라 하였다.

연꽃이 불교의 상징적인 꽃이 된 연유는 무엇일까?

첫째는, 깨끗한 물에서는 살지 않고 진흙에서 피어나기 때문이다. 더러운 곳에 있어도 항상 깨끗한 연꽃은 세간에 물들지 않는 청정함을 상징한다. 더러움에 젖지 않고 더러움을 자양분 삼아, 고결하고 아름다운 자태와 향기를 선사하는 연꽃은, 욕심과 성냄과 어리석음이 가득한 삶의 현장을 수행터로 삼고, 발 딛고 있는 이곳에서 지금! 자유롭고 무한한 생명으로 피어나라고 당부한다.

둘째는, 꽃이 핌과 동시에 열매를 맺기 때문이다. 보통의 꽃은 봄이나 여름에 꽃이 피고 가을에 열매를 맺으나, 연꽃은 개화와 동시에 열매(연밥)를 맺는다. '원인과 결과가 동시적'이다. 원인을 지은 대로 벌어지는 게 결과이니, 결과를 두려워 말고 원인을 두려워하며 살라는 인과의 법칙이다. 뿌린 대로 거두고 지은 대로 받는 것이니, 오직 나의 생각과 말과 행동을 살필 뿐이다. 또한 '믿음이 곧 깨달음'이라는 원리다. '나는 존귀하고 무한한 가치를 지닌 생명'임을 믿고 살면 그대로 무한한 삶이 펼쳐지는 도리를 연꽃이 일깨워준다.

셋째는, 연꽃의 봉오리는 마치 합장하고 서 있는 모습과 같다. 내 앞에 계신 분을 향해 '당신과 나는 한 생명입니다. 당신을 공경합니다.' 하는 마음을 담아 두 손바닥을 합하는 걸 합장이라고 한다. 내 눈에 비친 모습이 어떠하든, 나를 칭찬하든 비난하든, 내 마음에 좋든 싫든 관계없이 세상 모든 이를 공경하는 마음으로 보면서 합장하는 예경의 마음은 곧 나를 내려놓는 마음이다. 이것을

《금강경》에서는 '항복기심(降伏其心)'이라고 한다. 연꽃 앞에서 합장하며 항복기심을 다짐한다. 내 앞에 다가오는 모든 인연을 있는 그대로 존중하고 공경하며, 그분들을 이익되게 하기 위해 베풀고 기도하며 살아가고자 서원한다.

나는 그 일의 씨앗을 품고 있는 존재다

꽃이 핌과 동시에 열매를 맺는 연꽃처럼 나라는 존재도 원인이자 결과이다. 나에게 온 모든 일들은 나에게서 비롯되어 나를 원인으로 벌어지는 일들이자, 내가 고스란히 받아야 하는 결과이다. "내게 왜 이런 일이?"라는 소리를 할 수가 없는 거다. 내게 벌어진 게 열매라면 그 씨앗은 내가 품고 있었던 것이다. 내게 씨앗이 없었다면 열매도 결코 열리는 법이 없다. 열매가 온 건 바로 내게 씨앗이 있었다는 증거다. 내가 원인이고 내가 결과이니 이제 그 누구도 원망하거나 탓하지 말자. 외면하거나 부정하지도 말자. 그냥 인정하고 받아들이는 데서 문제해결의 실마리를 시작해보자.

문제는 감당할 만한 사람에게만 온다. 내게 문제가 왔다는 건 내가 그걸 감당하고 해결하며 극복할 만한 능력이 있다는 증거다. 가슴을 펴고 심호흡을 한 다음 숨겨진 능력을 발휘해보자. 나에겐 무한한 능력이 있다. 나의 문제를 해결할 능력을 나는 이미 갖고 있다.

나는 무엇을 할 때 행복하고
무엇을 할 때 즐거운가

사람과 사람을 이어주는 연결자

누가 내게 좋아하는 것 두 가지를 꼽으라면 사람과 자연이다. 사람을 좋아해서 특히 사람에 관심이 많다. 사람을 좋아하는 측면에서 보면 나는 자칭 우주최강 '오지라퍼'다. 나처럼 사람 좋아하는 사람도 드물 거다. 사람을 좋아하기만 하는 게 아니라 더 정확하게는 사람을 만나는 걸 좋아한다. 만나서 알게 되면 그 사람이 보이고, 보이면 좋아져서 그 사람을 다른 사람들에게 알려주고 싶다. "이 분이 이런 일을 해요. 이런 생각과 이런 꿈을 가지고 있는 멋진 사람이에요."라고 알리면서, 그를 좋아하고 지지하며 응원해주는 사람들과 그를 만나게 해주고 싶어 또 만남을 만든다. 만남이 만남을 낳아 계속 연결되어 간다.

나는 처음 보는 사람에게도 말을 잘 건다. 우리나라에서 뿐만

이 아니라 다른 나라를 가도 '사람'이라는 존재에 대해 일단 낯섦이 1도 없다. 낯섦을 느껴본 적이 지금까지 살면서 거의 없었던 거 같다. 오늘 처음 본 사람이라 할지라도, 이 사람이 어떤 사람일까 궁금하고 호기심이 가득하지, 낯설어서 경계심이 든다든지 불편하다든지 하는 감정은 느껴본 적이 별로 없다. 20대 때 한국을 여행 중이던 프랑스인 마디를 어디서 만났는지 기억은 나지 않지만, 우연히 만난 그녀와 나는 금세 친해져서 우리 집에서 같이 잠도 자고, 그녀의 이태원 집에서도 함께 놀고 잔 것은 물론, 담양에 데려가 템플스테이를 함께 하기도 했다. 그만큼 대부분의 사람에게서 첫 만남인데도 처음 만난 것 같지 않은 경험을 많이 하고 살아왔다.

사람을 낯설어하지 않아서인지 사람 얼굴과 이름도 잘 기억한다. 화장품이나 옷 브랜드는 몇 년씩이나 똑같은 제품을 써도 그 이름이 잘 기억나지 않는데, 사람 얼굴이나 이름은 기억하려고 하지 않아도 저절로 기억된다. 중학교 때 한 반에 70명이 있었는데, 총무를 맡으면 이듬해에도 전년도 같은 반 친구들 70명의 번호와 이름이 줄줄 외워졌다.

처음 만난 사람과도 밥을 같이 먹을 수 있고, 같이 놀 수 있으며, 같이 고민을 나눌 수 있는 게 나다. 어떤 의도나 목적 없이, 그저 사람이 궁금해서 사람을 만나고 그 사람과 다른 사람을 또 만나게 해주는 게 즐거운 나! 즐거운 일을 하면서 사는 나는 참 행복한 사람이다.

즐거운 사람 탐험이 시작되다

나는 사람을 좋아하다 보니 그 사람이 처해 있는 상황과 그의 마음에 대해서도 관심이 많다. 코로나를 겪으면서 재작년부터 본격적으로 인스타그램을 하기 시작했다. 인스타에서 서로 팔로우하면서 맺은 친구를 '인친'이라고 하는데, 인친들이 피드에 올린 사진과 글을 통해 그들이 매일 무엇을 하고 무슨 생각을 하며 어떤 고민이 있는지 알게 되었다. 오지랖이 넓으니 자연스레 그들의 고민에 관심이 가고 '고민 들어주는 옆집 언니, 무상무아'라고 프로필 이름을 정하였다. 그리고 인스타에 라이브 기능이 있다는 걸 알고, 나만의 라이브방송인 '무상무아의 지금방송'을 시작한 후 많은 이들을 라이브에 초대해서 인터뷰를 해왔다. 그렇게 인스타그램과 라이브방송을 통해 알게 된 분들과 오프라인에서도 만나며 지금까지 많은 사람들과 인연을 이어오고 있다.

나는 내가 좋아하는 일과, 내가 잘하는 일, 내가 해야만 하는(주어진) 일이 일치하는 드문 케이스다. 내가 원하는 삶의 방향은 사람들에게 안심감을 주는 것이다. 살아있는 자는 누구나 육신의 한계를 지니기에 죽을 수밖에 없다. 죽음을 피할 수 있는 사람은 아무도 없다. 내가 원하는 건, 생로병사와 우비고뇌(憂悲苦惱, 근심과 슬픔, 괴로움과 번뇌)를 겪으며 희로애락 속에 살고 있는 사람들로 하여금 살아있는 동안에 안심하며 살고, 죽는 순간에 공포심 없이 편안하게 안심하며 죽을 수 있도록 돕는 일이다.

본래의 마음을 회복하는 마음나누기

마음의 무게로 힘들어하는 사람들의 어려움을 들어드리기 위해 〈마음나누기〉를 진행해오고 있다. 마음나누기에서 나는 털어놓기 어려웠던 마음속 이야기를 전해 듣고 지혜의 이야기를 비추어 드린다. 그러면 사람들은 작게나마 다시 마음에 밝은 불을 켜고, 용기를 얻으며 힘을 얻어 간다.

마음나누기를 통해 힘을 내게 된 얘기를 들을 때면 참 보람되고 감사하다. 지혜가 담긴 이야기를 듣고 그분들의 마음이 밝아진 이유는, 자신의 본래 마음을 알아차렸기 때문이다. 자기에 대해 잘 모르고 있다가 "당신은 본래 밝고 지혜로우며 무한가능성을 지닌 존재입니다."라는 얘기를 듣고 본래의 밝은 마음을 회복한 것이다.

마음을 나눌 때마다 매번 느끼는 것이지만, 내가 그분들께 따로 해드린 건 없다. 다만 자신의 마음을 바로 볼 수 있는 방법을 알려드렸을 뿐인데도 참가자들은 마음의 짐을 덜고, 매우 가벼워졌다고 말하곤 한다. 더없이 고맙고 감사한 일이다.

내가 진짜로 원하는 게 뭐지

〈마음나누기〉에서는 미팅을 하며 '나는 누구인가, 나는 무엇을 원하는가, 나의 강점은 무엇인가' 이 세 가지를 찾을 수 있도록 돕는다. 마음나누기를 신청한 D씨는, "이것저것 관심 가는 일을 쫓아다니고는 있어요. 빠르게 변화하는 세상에서 하도 배워야 될 게 많다고 떠드니까, 남들이 필요하다고 하는 공부는 조금씩 하고 있어요. 근데 정확히는 하는 시늉만 할 뿐이에요. 정작 어떤 길이 내가 가야 할 방향인지 갈피를 못 잡겠어요."라고 말했다. 그래서 나는 D씨에게, "진짜 원하시는 일이 뭐예요?"라고 물었다. 순간 D씨가 흠칫 놀라는 걸 난 보았다. 가벼운 질문 같지만 이건 결코 가벼운 질문이 아니다. 내 질문에 당황하시며, "아! 한 번도 그런 생각 안 해봤어요"

나는 그런 D씨에게 일종의 과제를 내드렸다.

"일주일간 생각해보세요. 무얼 할 때 즐겁고 신이 나시는지, 몸은 부서질 만큼 힘들어도 뭘 하고 나면 마음이 뿌듯한지."

우리는 '내가 진짜로 원하는 게 뭐지?'를 꼭 스스로에게 물어야 한다. 남이 하라고 해서 하는 거 말고, 남들이 좋다고 해서 하는 거 말고, 하면 좋을 것 같아서 막연한 기대로 하는 거 말고, 진짜진짜 내가 좋아하고 행복한 일이 뭔지 알아야, 그게 직업으로든 취미로든 내 발판이 되고 내 숨 쉴 곳이 된다.

일주일이 지나서 만난 D씨는 "너무 고마워요. 진짜 좋은 시간이었어요. 내가 뭘 좋아하는지 알고 나니, 하고 싶은 게 명확해졌어요."라는 피드백을 주었다. 이때 이후로 지금까지도 D씨는 내게 종종 자신이 지금 무엇을 배우고 있고, 무슨 일을 하며 즐거운지에 대해 말해준다. 마음나누기를 시작한 보람을 느끼는 순간이다.

줌에서 함께 108배를 모시고 금강경 공부를 하다

한 달간의 미팅이 끝나고 참여하신 분들께 "앞으로 이런 마음으로 살아가시면 잘 사실 거에요. 이렇게 하면 마음의 힘을 기를 수 있어요. 어려울 땐 연락하세요"라고 몇 가지 제시를 해드렸다. 그랬더니 "이대로 헤어질 순 없어요. 혼자서는 어려워요. 도와주세요."라고 요청하셨다. "우리 이러면 어때요? 각자 하지 말고 매일 아침 줌에서 함께 108배를 하는 건요?"라고 먼저 제안하셨다. 고마운 제안 덕분에 그날 후로 우리는 매일 아침 6시에 줌에서 모여 함께 108배를 모시게 되었다. 몸과 정신이 함께 영양분을 섭취하는 의미로 108배가 끝나면 6시 30분부터는 〈금강경법문〉 윤독을 하는 멤버들도 생기게 되었다.

Tip : 과거심불가득 현재심불가득 미래심불가득

언제 어느 경우에서나 내 마음을 들여다보는 게 먼저이다. 나를 볼 때 너를 볼 수 있고 나를 만날 때 진정으로 너를 만날 수 있다. 과거의 일로 인해 아직도 마음속에서 싸우고 있다면, 더 이상 과거에 갇혀 있지 말고, 그때의 자기와 화해하며 스스로를 놓아주자. 과거는 이미 지나갔다. 나의 최애 고전인 《금강경》에 '과거심불가득 현재심불가득 미래심불가득(過去心不可得 現在心不可得 未來心不可得)'이라는 말씀이 나온다. 과거의 마음도 얻을 수 없고, 현재의 마음도 얻을 수 없으며, 미래의 마음도 얻을 수 없다는 뜻이다. 과거의 한 사건에 머물러 있다면 이제는 그로부터 나 스스로를 놓아주자. 그러한 자유가 바로 나의 진짜 마음이 원하는 바이기 때문이다.

과거에 갇혀 있는
내 마음 바로보기

좋지도 않은 화를 왜 붙들고 있을까

예전에 한의원에 갔을 때 한의사 선생님께 이런 말을 들은 적이 있다. 외향적이고 괄괄한 성격의 사람은 화를 참지 못해 버럭 화내다가 뒷목 잡고 쓰러지고, 속으로 화를 꾹꾹 눌러 삼키면서 자기 속을 끓이는 사람은 화가 쌓여 암으로 쓰러진다고…. 100퍼센트 맞는 말은 아니더라도, 어느 정도 수긍이 가서 기억에 남는다.

세상에 화를 내지 않고 사는 사람은 드물다. 대부분 외부적 요인으로 화를 내지만, 과거의 경험에 의한 기억에 발목 잡혀서 내면의 화를 붙잡고 있는 경우도 의외로 많다. 과거의 기억으로부터 옴짝달싹 못하는 경우는, 생각이 과거에 머물러서 상대방을 혼자 미워하며 지금의 그 사람을 만나지 못한다. 그러니 현재를 살지 못하고 과거를 산다고 할 수 있겠다.

13년 전의 기억

결혼한 지 20년이 다 되어가는 정아 씨는 여전히 시어머님에 대한 앙금이 마음속에 남아서 괴롭다고 했다. 13년 전에 시어머님께 들은 말이 비수처럼 가슴에 꽂혀 쉽게 잊히지 않는다는 것이다.

결혼 후 7년 만에 어렵게 아이를 얻었고, 몸 상태가 너무 안 좋아 둘째를 가질 수 없어서 온 가족에게 더욱 귀한 아이였다. 당시 정아 씨는 일 중독이어서 아이가 생후 7개월쯤에 건강이 덜 회복된 상태로 복직했는데, 출산으로 인한 공백의 긴장감으로 많이 예민해 있었다. 돌도 안 된 아이가 가뜩이나 면역력이 약해 신경 쓰이던 어느 날, 시어머니께서 통화 중에 계속 기침을 하시면서 아이를 보러 오시겠다고 했다. 그전에도 시어머님은 귀한 손주가 보고 싶어 아이를 봐주시는 안사돈과 온종일 같이 있곤 했다. 그날도 기침을 하시는 상태에서 오시겠다고 해서 정아 씨는 "아이가 아직 어리니 조심해주시면 좋겠습니다"라고 말씀드려 봤지만, 설득이 안 되었다. 그래서 "그러면 어머니 마음대로 하세요."라고 말해버렸다. 그 한마디에 시어머니는 본인 아들에게 전화해서 며느리가 건방지다고 하시고, 퇴근길에 찾아간 정아 씨 가족도 안 보셨다. 그때 "너는 남이야. 시집을 온 거면 너는 우리 식구하고는 달라. 너는 언제든지 떨어져 나갈 수 있는 애야."라는 말씀에 무척 충격을 받고 억울하며 속상했으나 자신에게 한 얘기라서 참아 넘겼다. 그런데 그다음 말씀에 정아 씨는 지금까지 지울 수 없는 상처를 안고 있다고 했다.

무슨 말인지 물으니, "친정엄마가 딸 교육을 잘못시켜서 그렇게 버릇없다."라고 하셨단다. 정아 씨는 태어난 지 일주일만에 아버지가 돌아가셨고, 엄마께서 최선을 다해 키워주셔서 항상 감사히 생각해 왔다. 그런데 자신이 참지 못하고 내뱉은 한 마디 때문에 친정엄마를 욕되게 했다는 것이 너무나 마음에 응어리로 남아 있다고 했다. 세월이 지나면서 그와 같은 트러블은 그때 딱 한 번뿐이었고, 시어른들은 사돈도 잘 챙기시면서 좋은 관계로 지내오고 있긴 하다. 그런데 불쑥불쑥 미운 생각이 올라오고, '너는 남이야. 언제든 떨어져 나갈 수 있는 애라고 그때 어머님께서 하신 말씀도 본심이 아니었을까'하는 생각이 지워지질 않는다는 것이다.

어른들께선 이제 노쇠하셨고, 마음도 약해지셔서 외며느리인 본인에게 기대오시는데, 측은한 마음이 생겼다가도 그때 너무나 매몰차게 끊어내셨던 상처가 사그라들지가 않아서, 마음 한쪽에 자리한 그 응어리를 어떻게 풀어야 할지를 잘 모르겠다는 사연이었다.

내 문제이지 시어머니의 문제가 아님을 알아차리자

나는 정아 씨의 사례가 웬만한 기혼여성들이라면 한 번쯤 맞닥뜨렸을 경험이라 매우 공감이 갔다. 무엇보다 정아 씨는 시어머니가 자기 자신보다 부모님에 대한 흉을 본 것이 용서가 안 된다고 했다. 부부싸움을 해도 상대의 부모를 무시하거나 멸시하는 발언을 하면 건너지 못할 강을 건너는 것이 되듯이, 절대 건드리면 안 되는 철칙이 있기 때문이다. 나 역시도 부부싸움을 할 때 시어른들에 대한 부분은 절대 입 밖에 내지 않는다는 원칙을 가지고 산다. 그러나 이 문제는 곰곰이 생각해보면 P씨의 마음의 문제이지, 시어머니의 문제가 아니다. 13년 전 그 발언을 했을 때의 시어머니가 미운 것이지, 세월이 흐르고 난 지금의 시어머니가 미운 것은 아니기 때문이다. 어쩌면 13년 전에 시어머니께서 화나서 하신 말씀에 동의했던 과거의 나 자신과 화해가 안 되어서인지도 모른다. 나는 정아 씨에게 과거에 머물지 말라고 우선 조언했다.

과거에 머물지 말라

인생은 철저히 자신의 선택이다. 13년 전 정아 씨의 일은 본인에게 당연히 깊은 상처이지만, 엄밀히 말하면 이미 벌어진 일이고, 거기에 평생 갇혀서 살 필요는 없다. 만약에 정아 씨 입장에서 시어머니에 대해 풀고 싶은 마음이 없고 '미워만 할 거야' 하면서 마음에 선을 긋고 있다면 앞으로도 응어리가 풀리기 어려울 텐데, 다행히 정아 씨는 풀고 싶은 마음이 있으니 풀릴 것이다.

나는 정아 씨에게 이런 질문을 던졌다.

"그때 이후 지금까지 잘 대해주시며 시어머니께선 '지금'을 살고 계신데, 정아 씨는 혹시 과거를 살고 있는 게 아닐까요?"

이 질문을 받았을 때 그녀는 놀라는 눈치였다. 그 부분에 대해서 한 번도 생각해본 적이 없기 때문이다. "시어머니는 이미 그때의 마음이 아니시건만, 오랜 시간이 흘렀는데도 나에게선 그런 마음의 반응이 나오고 있다면, 그건 철저히 내 문제이지 시어머니의 문제가 아니에요."라는 말에 정아 씨는 고개를 끄덕였다. 지금을 살지 못하고 '과거를 살며, 과거에 머물러 있는' 스스로에 대한 '자각'이 일어난 것이다.

내 마음의 화는 내가 동의했다는 증거다

누군가 나에게 못됐다고 욕을 했는데 내 맘이 요동친다면 그건 내가 그걸 인정하기 때문이다. 그 말에 나도 동의해서 걸려든 것이다. 내가 동의하지 않으면 욕을 하든지 말든지 상관하지 않게 된다. 괴로워하며 끌어안고 있지 않는다. 악플에 휘둘리지 않을 수 있는 사람은 거기에 동의를 안 한 사람이다. 정아 씨가 시어머니 말씀에 얼마간은 힘들 수도 있지만, 오랜 세월이 흘러서까지 끌어안고 있는 이유가 뭔지 스스로 돌아봐야 한다.

'어머니가 퍼부었던 말 중에 내가 동의하고 지금까지 헤어나지 못하고 있는 건 도대체 뭐지?'를 냉철하게 생각해보자. '그때 이러이러해서 너무 서운했다, 마음이 힘들었다'라고 솔직하게 털어놓지 못한 채 마음속에 눌러놓고 있는 이유가 무엇일까? 어떤 두려움 때문인지, 혹여나 시어머니를 미워해도 되는 명분을 유지하거나, 일상의 불만을 합리화시키기 위한 도구로 과거를 끌어오는 건 아닌지 등등 자기를 있는 그대로 응시할 필요가 있다. 자신의 마음을 알기 위해서 말이다.

'왜 내가 지금까지 끌어안고 있을까?', '나는 우리 엄마가 나를 잘 키워주셨기 때문에 아무 부족함이 없어. 아버지가 없었어도 엄마가 나를 정말 반듯하게 잘 키워주셨어. 정말 너무 고마운 분이야.'라고 생각해왔음에도, 시어머니께서 엄마를 건드리니까 화가 났다. 어찌 보면 자신도 모르게 스스로 엄마에 대해 못마땅하게 바라보는 시각이 있었는데, 그걸 시어머니 입을 통해 들으니 화가 났는지도 모른다. 그때 친정엄마께 가졌던 나의 부정적인 마음, 그리고 시어머니가 퍼부었던 말씀에 동의했던 나 자신을 아직까지 미워하고 있는 것인지도 모른다. 만약에 그렇다면 그녀는 시어머니를 미워하고 있는 것 같지만 자신을 미워하고 있는 것이다. 그러므로 화해의 대상은 시어머니가 아니라 자기 자신이다.

상처는 밖에서 오지 않고
안에서 일어난다

같은 상황, 다른 마음들

'마상'이란 말을 처음 들은 날이 기억난다. '마상 입었다'는 말을 어디선가 들으면서, 1초도 안 되는 짧은 시간에 다음과 같은 생각들이 순식간에 머릿속을 스쳐 지나갔다.

'마상이 뭐지? 브랜드 이름인가?' '달리는 말을 거래하는 상인을 마상이라 하나?' '경마장 관련 상인들인가?'

그런데 마상('마+傷')은 마음의 상처를 줄여 이르는 말이었다. 이 마상은 사람마다 다르다. 같은 상황, 다른 마음이랄까. 같은 상황에서 누구는 상처를 덜 받고 누구는 상처를 더 받는 일이 빈번하게 일어난다. 이런 차이는 어린아이도 예외가 아니다. 어떤 아이는 학년이 바뀌고 전학을 가도, 심지어 이민을 가도 자신의 괴로움에서 벗어나지 못하고 똑같은 아픔과 괴로움을 반복한다. 반면에, 어떤 아이는 충분히 상처받을 일인데도 전혀 아무렇지 않다. 같은 상황, 다른 마음들 천지다.

찢어도 가장 상처받지 않을 아이여서 그랬습니다

지금으로부터 5년 전, 둘째 아이가 초등학교 1학년 때 일이다. 그해 여름 나는 허리디스크가 파열돼서 수술은 안 하고 보존치료를 하느라 서울대병원에서 퇴원한 후 곧장 친정으로 가서 누워 지내고 있었다. 한 달간을 남편과 아이들끼리 지내서 아이들의 학교생활에 대해서도 잘 알지 못했다. 한 달 후 집에 돌아와 걷기와 수영으로 치료해 나갔다. '이전처럼 다시 건강하게 걸을 수 있을까?' 꼭 그렇게 되기를 바라며, 하루에 두 차례씩 빼먹지 않고 어울림누리 운동장 트랙을 걸었다. 새로 산 워킹화를 신고 처음으로 1시간 동안 걷던 그 날을 잊을 수가 없다. 그렇게 운동치료를 하면서 지내던 어느 날, 아이 친구 엄마에게 카톡이 왔다. 사연인즉슨 이러했다.

"언니, 한 달이 훌쩍 지나도 언니가 아무 반응이 없어서 혹시나 모르고 있는 듯해서 알려드려요. 실은 얼마 전에 교실에서 담임선생님께서 수업 시간에 아이들 보는 앞에서 동재 시험지를 찢고 뒤에 가서 서 있으라고 하셨대요. 그날 우리 애는 집에 돌아와 '그때 심장이 쿵쾅거리고 너무 무서웠다.'고 했어요. 담임선생님이 너무 무서우신데 언니가 좀 나서줄 수 없어요? 시험지 사건이 좋은 게 기가 될 거 같아서, 다른 엄마들도 언니가 그렇게 해주길 기다리는데 아무 소식이 없어서 알려드려요."

여기에 나는 "그런 일이 있었구나. 교실에서의 일은 선생님 권한이라고 나는 생각해. 아이들을 혼내거나 시험지를 찢으시는 것도 나는 그만한 이유가 있었을 거라고 생각해. 아이가 그 일에 대해 아무 얘기를 안 한 거로 봐서는 그게 본인에게 큰일이 아니었거나 본인이 잘못한 일이거나 하겠지. 그런 일이 있었다면 개선을 요청드릴 게 아니라 나는 우선 우리 아이의 학교생활에 무슨 문제가 있는지 선생님께 여쭤야겠어. 학업 분위기를 흐리거나 선생님 말씀을 잘 듣지 않고 있는지 상담해봐야겠어."라고 대답하니 그 엄마는 너무 놀라는 것이었다.

그날 바로 선생님께 전화를 드렸다. 그 엄마에게 말한 그대로 나는 선생님께 말씀을 드렸다. 아니나 다를까? 클레임 전화인 줄 아셨다가 내 얘기를 들으시고는 "이렇게 말씀해주셔서 너무 감사해요, 어머니. 1학년들이라 어찌나 말을 잘 안 듣고 떠드는지…, 수학 시험을 봐야 하는데 말하지 말고, 뒤돌아보지 말고, 조용히 풀라고 해도 아이들이 시험 보는 게 뭔지 인지가 잘 되어 있지 않아서 계속 말하고 뒤돌아봤어요. 그래서 특단의 조치를 내려 '시험 보는데도 계속 말하고 뒤돌아보면 시험지를 찢고 뒤에 나가 서 있을 거예요.'라고 경고를 했어요. 그래도 말을 듣지 않는 애들이 있었고, 맨 앞줄 친구들 중에서 찢어도 가장 상처받지 않을 아이가 동재여서 그렇게 했습니다. 어머니."라고 하시는 거였다.

선생님의 예상은 맞았고, 아이에게는 그게 전혀 상처가 되지 않은 그냥 해프닝에 불과했다. 아이에게 아주 넌지시 지나는 말로 슬쩍 물어보았더니 선생님과 똑같이 그저 사실만을 얘길 했다. 그런 일이 그냥 있었던 거였다. 거기에 대해서 본인이 마음 아팠거나 상처 된 일은 없는 거였다. 그래서 내게 이야기할 필요도 없었고, 내가 물었을 때도 안중에도 없는 얘기를 기억하듯이 했다.

나는 둘째아이의 무엇이, 상처받지 않는 마음을 만들었을까 무척 궁금했다. 어쩌면 진짜 '아무 생각 없는 해맑음'이 그 이유였을지도 모른다. 세상 사는 어려움을 극복하는 자세도 이와 같으면 어떨까? 주어진 상황에 집중하고, 벌어진 일은 그냥 벌어진 그대로 바라보는 '해맑음'이면, 우리는 우리에게 닥친 많은 괴로움이나 어려운 난관들을 그저 있는 그대로 받아들일 수도 있을 것이다.

상처받지 않는 유일한 길은
상처받을 내가 존재하지 않음을 인정할 때다

우리가 상처를 받는 건 단순히 외부요인 때문만은 아니다. 상대방의 말과 행동 때문에 힘든 게 아니라, 그 말과 행동을 내가 어떻게 해석하고 받아들였느냐에 따라 다르다. 있는 그대로 보고 듣는 게 얼마나 어려운 일인지 우리는 잘 안다.

가령 시어머니가 며느리에게 지나는 말로 이렇게 가볍게 이야기를 하셨다고 치자. "저 TV가 참 좋구나." "나는 나중에 김치냉

장고 사면 너희 것처럼 그렇게 세로로 생긴 거 살 거다."라고. 그저 당신의 생각, 당신의 바람, 당신의 계획을 말씀하셨다. 그런데 그걸 받아들이는 며느리 입장에서는 '티비를 사달라고 하시는 건가?' '우리 김치냉장고 같은 걸 사드려야 하는 건가?'라고 혼자 추측하고 짐작하고 소설을 쓸 수도 있다.

그와 같이 우리는 있는 그대로 편하게 못 듣는다. '그냥 듣는' 것이 참 어렵다. 헤아리고 배려하는 것도 물론 필요하고 중요하다. 상대의 말에 담긴 진심을 읽는 건 아주 중요하다. 그런데 그게 함정인 경우도 많다. 내 식의 배려, 내 식의 헤아림, 내 식의 베풂이 될 수도 있기 때문이다. 내 만족은 자칫 폭력이 될 수 있음도 알아야 한다.

가령 자기가 주고 싶어서 친구에게 선물을 줬는데 반응이 별로다. 혼자 추측해서 혼자 해놓고는 자신이 원했던 결과대로 반응이 오지 않으면 '기껏 저를 생각해서 내가 이렇게 했건만, 돌아오는 게 이건가?'라며 상대에게 서운하고 원망하며 괜히 했다고 후회까지 한다. 가만 보면 다 혼자 짓고 혼자 받고 있는 거다. 상대는 반문할 것이다. 누가 그렇게 해달라고 했나?

상처받지 않는 유일한 길은 '상처받을 내가 따로 존재하는 게 아니구나.'를 아는 것이다. 내가 생각하는 이 육체와 정신, 나이, 학력, 경력, 지위, 미모, 재산 등을 갖춘, 내가 나라고 인식하는 조건적인 나를 제외한 모든 것이 진짜 나라는 걸, 내가 나라고 생각하는 그 나를 뺀 나머지 모두가 진짜 나라는 걸 알 때, 상처받을 나도, 무시당할 나도, 특별히 사랑받고 인정받아야 할 나도 따로 없게 된다. 그때 비로소 우리는 상처에서 자유로워진다. 상처에서만 자유로워지는 게 아니라 인생 전반에 걸친 그 모든 것으로부터 자유로워진다.

Tip : 불이(不二), 우리는 따로가 아니야!

내가 따로 있는 게 아니구나. 독립되어 홀로 존재하는 게 아니라 연기적인 존재구나. 이것이 무아(無我)다. 나는 이 세상 모든 이들과 연결되어 있고, 내가 남이라고 생각(착각)하는 그 모든 이가 진실로는 나구나. 나의 다른 이름이 너구나. 내가 있기에 네가 있고, 내가 없으면 너도 없구나. 너와 나는 따로가 아니구나. 나 아닌 게 없구나.

그러니 상처는 밖에서 오는 게 아니다. 내 안에서 만드는 것이다. 누가 내게 상처를 주는 게 아니라 내가 상처를 선택하고 받는 것이다. 괴로움은 밖에서 나를 짓누르는 무엇이 아니라 내가 만들어낸 것이다. 그러니 상처받을 이유도, 상처받을 필요도 없다.

괴로움은
모두 내 책임이다

우물 속 이야기

아주 먼 옛날에 한 사형수가 있었다. 그는 자신이 왜 사형수가
되어야 하는지도 모르는 채 어느 날 깨어나 보니 감옥에 갇혀 있
는 자신을 발견했다. 그대로 앉아서 죽을 수는 없다고 판단한 사
나이는 탈옥을 시도했지만, 곧 발각되어 쫓기는 신세가 되고 만
다. 간수들과 그들이 풀어놓은 사나운 코끼리에게 쫓겨 쉼 없이
달아나는데, 코끼리에게 밟히면 그대로 죽게 생겼으니 사나이는
달리고 또 달렸다. 숨 가쁘게 달아나다가 다행히도 언덕 아래에서
우물을 하나 발견하고 우물 속을 들여다보니, 나무뿌리가 우물 안
에 뻗어 있는 것이었다.

주위를 둘러보니 그 뿌리는 우물 옆 언덕 위에 위태롭게 서 있
는 큰 나무의 뿌리였다. 워낙 나무가 크고 오래되어 그 뿌리가 우

물 속까지 뻗은 모양이었다. 사나이는 나무뿌리를 타고 우물 바닥으로 내려가 거우 코끼리로부터 한숨을 돌릴 수 있게 되었다. 그러나 그것도 잠시! 정신을 차리고 사방을 둘러보니 머리 위에서는 검은 쥐와 흰 쥐가 번갈아 가며 나무뿌리를 갉아 대고 있다. 그리고 우물 사방에는 네 마리의 독사가 혀를 날름거리며 그를 물려고 하고 있고, 우물 밑바닥에는 독룡이 큰 입을 벌리고 사나이가 떨어지기만을 기다리고 있다. 그는 독룡과 독사가 몹시 무서웠고 나무뿌리는 끊어질까 걱정이었다. 그런데 그 나무에는 벌집이 하나 달려 있다. 나뭇가지가 흔들릴 때마다 벌꿀이 한 방울씩 그 사나이의 입에 떨어진다. 나무가 흔들리면 벌들이 내려와 그 사나이를 쏘았지만, 그는 꿀맛에 취하여 자신의 위험을 잊고 있었다. 한편 우물 밖 들판에서는 불이 일어나 그 나무를 태우고 있다.

우리는 모두 생사라는 감옥에 갇힌 사형수

위의 이야기는 불가(佛家)에서 전해져 오는 '안수정등(岸樹井藤)'이라는 유명한 비유다(출전 : 〈빈두로돌라사위우타연왕설법경〉). '안수정등'은 강기슭의 나무와 우물 안의 등나무라는 뜻인데, 이야기 속의 사나이는 괴로움에 빠져 있는 우리 모두를 비유하고 있다. 쉼 없이 달려오는 저 코끼리는 인정사정없이 흐르는 시간, 즉 무상한 세월을 비유한 것이고, 우물은 나고 죽는 우리의 인생살이를 비유한 것이다.

어떤 면에서 우리는 모두 생사라는 감옥에 갇혀있는 사형수들이다. 그 험한 언덕에 서 있는 나무의 뿌리는 우리의 목숨을 비유한 것이고, 검은 쥐와 흰 쥐가 나무뿌리를 갉는다는 것은 순간순간 목숨이 줄어드는 것을, 네 마리 독사는 우리 몸을 구성하고 있는 지(地), 수(水), 화(火), 풍(風)을, 벌꿀은 감각적 욕망을 비유한 것이다. 벌은 삿된 소견을, 들판의 불은 늙음과 병을, 독룡은 죽음을 비유한 것이다.

빠져나올 수도 없고 바닥으로 뛰어 내릴 수도 없는 우물 속 사나이의 상황과 우리 현실은 결코 다르지 않다. 누구나 언젠가는 죽게 되어 있고, 흰 쥐와 검은 쥐는 지금도 쉴 새 없이 육체의 노화를 재촉하고 있다.

우리를 상처 입히는 것은 사건이 아니라 나의 반응이다

고등학교 윤리 시간에 외웠던 고집멸도 사성제(苦集滅道 四聖諦)는 불가의 가르침이다. 괴로움과 괴로움의 원인, 그리고 그것을 해결하는 부처님의 솔루션이라고 할 수 있다. 괴로움의 원인을 우리 밖에서 찾지 않고 우리의 내면에서 찾는 것이다. 괴로움은 내 밖의 어떤 사건에 의해서 일어나는 것이 아니라, 그 사건에 대한 내면의 반응에서 비롯된다고 하신 법문 덕분에 나는 지금까지 괴로움에 대해 크게 힘들어하지 않고 살고 있다. 사건과 반응 사이에는 중요한 차이가 있다. 우리에게 상처를 입히는 것은 외부로부터의 사건이 아니라, 그 사건에 대하여 일으킨 우리의 반응이다.

원효대사와 의상대사가 당나라로 유학을 가던 길에 있었던 이야기를 들어보았을 것이다. 날이 저물어 노숙을 해야만 했던 두 사람은 동굴을 찾아서 몸을 뉘었다. 한참을 자다가 원효대사는 목이 말라 잠을 깼다. 어둠 속에서 주위를 더듬다가 물이 고인 바가지를 발견하고는 시원하게 마셨다. 자고 나서 다음 날 아침 주변을 자세히 살펴보니 그곳은 무덤 속이었다. 어젯밤 시원하게 마셨던 그 물이 해골에 고인 물이라는 사실을 알게 되자 바로 구토를 했다. 이때 원효대사는 모든 것이 마음에 달려있다는 사실을 깨닫고 유학 가던 길을 되돌렸다는 유명한 이야기다.

구토를 일으킨 원인은 그 장소가 무덤이고 마신 물이 해골에 고인 물이라는 사실인가, 아니면 그 사실에 대하여 일으킨 마음속 반응인가? 해골에 고인 물이 원인이라면 마시자마자 구토를 했어야 하지 않을까?

괴로움은 실체가 아니라 현상이다

괴로움은 밖에서 오는 게 아니라 내가 만들어낸 것이다. 운전을 하다가 자동차 접촉 사고가 났다고 상상해보자. 내 차도 파손이 되고 상대방에게도 배상해야 하는 일이 발생했다. 그 순간 내 마음은 짜증과 자책으로 가득 찰 것이다. 그런데 만일 복권에 당첨되어

100억 원의 당첨금을 받으러 가는 길이었다면 어땠을까? 그다지 상처받지 않고 그 사건을 처리하고 지나칠 수 있지 않았을까?

그렇다면 나를 괴롭힌 것은 그 사건인가? 아니면 사건에 대하여 일으킨 나의 반응인가? 사건의 의미는 내가 부여한 만큼 또는 내가 받아들인 만큼만 존재하는 것이다. 이 원리는 세상의 모든 괴로움에 대하여 예외 없이 적용할 수 있다. 내가 일으킨 반응이니까 괴로움은 모두 내 책임이다. 이제는 조용히 괴로움과 마주해보자. 괴로움은 실체가 아니라 현상이었고, 그 현상은 내가 만들어 낸 것이며 그 힘도 내가 부여한 만큼 위세를 떨친다는 사실을 음미해보자.

거울에 비친 자기의 모습을 보고 사납게 짖어대는 강아지를 떠올려보자. 거울을 처음 본 어린아이가 거울에 나타난 자신의 모습에 반응한다. 어린아이든 강아지든 거울을 보고 두려움을 느꼈다고 가정해보자. 거울에 등장한 모습이 자신을 해칠 것 같아서 두려웠는데, 가만히 보니 자신이 움직이는 대로만 따라서 움직이는 자신의 그림자임을 알게 되었다면 그 순간 두려움은 흔적도 없이 사라질 것이다.

괴로움이 바로 나의 다른 모습이라는 것을 깨닫는 순간 괴로움은 소멸되고 마는 것이다. 괴로움을 없애는 것이 아니라 괴로움

그대로가 괴로움이 아님을 보는 것이다. 괴로움이란 나의 그림자에 불과하다. 우리의 삶이 괴로움이라고 진단하시고, 그 괴로움을 없애는 대신, 괴로움의 허망성을 보라고 일러주신 부처님의 지혜와 자비에 나는 늘 감사한다. 괴로움의 허망함을 보는 일은 다름 아닌 '나'의 허망함을 보는 일이다. (이 내용의 일부는 문사수법회에서 펴낸 전자책《괴로움이라는 이름의 꽃, 고화》를 참조했다.)

인생의 행복은
어디에서 오는가

가진 것과 가지지 못한 것, 무엇을 볼 것인가

올림픽경기에서 은메달을 딴 선수와 동메달을 딴 선수 중에서 누가 더 만족하고 행복할까? 동메달보다 은메달이 나은 것이니까, 언뜻 생각하기에는 은메달을 딴 선수가 더 만족할 것 같다. 그런데 의외로 동메달을 딴 선수가 더 만족하고 더 큰 행복을 느끼는 경우가 많다고 한다. 은메달을 딴 선수는 금메달에 대한 아쉬움이 크지만, 동메달을 딴 선수는 메달을 땄다는 자체에 감사하고 기쁘기 때문일 것이다.

결국 행복은 내가 무엇을 바라보고 어디에 가치를 두느냐에 달린 것이다. 가지지 못한 것을 바라보며 부족감에 시달리는 사람에겐 행복은 먼 나라 얘기다. 가진 것에 만족할 줄 알고 그것이 자신에게 베풀어진 인연에 감사할 줄 아는 사람이 진정 행복한 사람

아닐까? 결국 행복한 사람은 자기가 가진 것을 사랑하는 사람이고, 불행한 사람은 자기가 가지지 않은 것을 더 사랑하는 사람인지도 모른다.

행복은 삶을 대하는 태도에서 온다

우리 부부는 결혼 당시 시어른께서 신혼여행 잘 다녀오라고 축의금에서 떼어서 주신 신혼여행비를 일명 '삥땅'을 했다. 지금 최초로 공개하는 거라, 부모님께는 죄송하지만 태국의 모 리조트로 신혼여행을 간다고 하고, 실제는 배낭족들이 많이 모이는 카이산 로드의 작은방에서 신혼 첫날밤을 보냈다. 결혼축의금에서 신혼여행비로 쓰라고 떼어주신 돈도 결혼생활비에 보탰다.

평소 내 지론은 "없으면 없는 대로 시작해야 한다"이다. 대학 4학년 여름방학에 전화기를 붙들고 건설회사 60여 곳에 일일이 전화해서 취업에 성공했다. 아직 발표 전이라 조경기사가 아니었지만, 합격을 믿었기에 며칠 있으면 곧 조경기사가 될 거라고 나를 소개하며 통화를 했다. 첫 직장이었던 일산신도시 조경 현장에서 준공 때까지 몇 년간 거의 매일 철야를 했다. 새벽 3시쯤이면 아버지께 집으로 끌려 들어가서 잠깐 눈 붙이고는, 이튿날 아침 7시면 다시 현장에 출근하곤 했다. 그만큼 일이 재밌고 보람있었다. 스물세 살, 스물네 살 여자애가 겁도 없지, 혼자 그 캄캄한 현장 사무실에서 밤새도록 작업을 했으니…. 지금 와 생각해보면 그 당시 부모님께서도 덩달아 밤잠을 못 주무신 거다.

그때 당초 설계보다 수십억을 증액시키며 4차 설계 변경까지 하는 등 내 모든 걸 갈아 넣은 덕인지 나중에 결핵을 훈장으로 얻었고, 약 덕분에 6개월 만에 완치가 되었는데, 부모님께서는 지금도 내가 결핵을 앓은 사실을 모르신다. 그렇게 열심히 첫 직장생활을 하며 모은 돈으로 대학원도 다니고 유럽 배낭여행도 다녀왔다.

이후 직장생활을 하면서도 내게는 아주 크진 않지만 얼마만큼 모아둔 돈이 있었던 반면, 신랑은 대학원 졸업 후 연구소 생활을 하며 그리 큰돈을 모아두진 못했다. 그러나 그것은 내게 중요하지 않았다. 꿈이 있고 가능성과 잠재력을 지닌 신랑이 멋있고 좋았다. 경복궁 복원에 일조하고 싶다는 꿈을 지닌 신랑에게 꿈을 위한 자격증 공부에만 올인하라고 독려하며, 나는 결혼 전 모아두었던 돈을 고스란히 1년 생활비로 썼다. 신혼 시절, 신랑이 생활비를 벌지 못했지만, 나는 전혀 힘들지 않았다. 생활의 무게를 느끼지도 않았다. 아침이면 도서관 가는 신랑의 도시락을 싸주며 오히려 행복했다. 지금 생각해도 참 즐거웠던 신혼으로 기억된다.

이유는 아마도 나는 내 마음이 원하는 바를 알고 있었고, 그걸 따랐기 때문일 것이다. 나는 꿈이 있는 남자가 좋았고, 그 꿈의 여정에 함께하는 기쁨과 보람을 소중히 여겼다. 그리고 그것이 내게는 행복감으로 이어졌다. 행복은 삶을 대하는 태도에 있지, 생활 자체에 있지 않다. 행복은 외부 조건에서 오는 것이 아니라 우리의 마음에서 오기 때문이다. 다른 사람 쳐다보고 다른 사람과 비교하며 내게 부족한 걸 탓하기 시작하면 한도 끝도 없다. 그래선 결코 행복해질 수가 없다. 나는 어떤 경우에도 행복을 선택해왔다. 행복은 물질적인 것, 외부 조건에서 오는 게 아니었다. 내 마음에서 출발하는 것이었다.

만족을 알고 감사를 아는 사람이 진정 행복한 사람이다

감사하는 마음은 얼마나 강력한 치료제이고 원동력이며 에너지원인지 이미 많은 분들이 강조하고 증명하고 있다. 얼마 전에 '본질육아'를 강조하는 지나영 교수님과 유튜버 하준파파 님의 대화를 본 적이 있다. 하준파파가 부부싸움을 한 후 결혼기념일을 맞았는데 화해를 하지 않은 상태라 불편한 마음이 가시지 않아 부인에게 편지쓰기가 내키지 않았단다. 그래서 생각해낸 게 편지 대신 '아내에게 감사한 점을 적어보자'였는데, 쓰다 보니 감사한 점이 끝없이 나오더란다. 미운 마음은 눈 녹듯이 사라지고 너무나 고마운 사람으로 다가오더라는 경험을 이야기하니, 지나영 교수님도 소아정신과 진료와 치료를 하는 데 있어 약물보다도 '감사요법'이 강력한 효과를 거둔다고 이야기하셨다. 그만큼 감사는 강력한 치유제다.

내게 있어 감사는 만족하는 마음에서 온다. 더 욕심을 내면서 가지지 못한 걸 불평하기보다, 주어진 것에 만족할 때 감사의 마음이 더 많이 생긴다. 내게 주어진 것도 내가 잘나서 내 노력으로 얻은 게 아니라, 세상의 '덕분'임을 잊지 않는 것이 중요하다. 피상적으로 보기에는 내 힘으로 이뤄낸 듯 보이지만, 내 능력이라는 것도 부모님과 선생님, 선배님들로 대표되는 세상 덕분에 쌓이고 나에게 장착된 것이니, 엄밀히 따지면 내 것이 아니다. 내 것이지만 내 것이 아니고, 내가 잘나서인 듯하지만, 세상이 베풀어준 덕분이다. 그걸 잊지 않고 만족하며 감사하는 사람이 진정으로 행복한 사람이다.

행복은 마음에서 온다

한동안 공사 수주도 없고 폐업을 결정해야 할 만큼 심각한 경제적 곤란에서 시어른들의 걱정은 이만저만이 아니셨다. 자식 걱정, 손주 걱정 되실 때는 걱정 대신 축원을 해주십사 부탁드렸다. 우리의 마음은 모두 연결되어 있고 동시적이어서, 한 생각을 일으키고 한 마음을 일으켰을 때, 그 마음은 나에게만 머물지 않고 모두 통하게 되어 있다. 자식 걱정도 알맹이는 다 사랑이다. 사랑해서 염려되는 마음이 걱정으로 표출되는 거다. 걱정의 에너지를 보내주시면 걱정할 일이 생길 테니 이왕이면 사랑하는 마음을 밝은 축원의 에너지로 보내주십사 부탁드리곤 한다.

행복은 어디에서 올까? 자기의 존재에 대해 부정적이지 않고 긍정적인 게 훨씬 더 큰 행복을 가져온다고 믿는다. 나 스스로를 받아들이고 인정함에 있어 편안해야 다른 이를 받아들이고 인정하는 것도 편하다. 때문에 행복의 출발점은 나 스스로를 긍정하고 인정하는 마음이다. 진정한 행복은 나 자신을 제대로 아는 것에서 시작된다. 자신의 존재가치에 대한 절대적인 믿음, 나라는 존재가 본래부터 무한한 가능성을 지닌 소중한 생명임을 믿는 마음이 중요하다.

내 인생에서 중요한 몇 가지 키워드는 자유, 안심, 행복이다. 그런데 이 세 가지 모두는 우리 존재가치의 무한성을 믿는 데서 온다. 우리 존재는 본래부터 무한하며 영원하고 자유로운데, 그 사실을 모르고 자기 자신을 틀에 가두며 자기 한정을 하니 자유로울 수가 없다. 마음이 자유롭지 못한 사람은 행복을 누리지 못한다. 행복은 밖에서 얻어지는 게 아니다. 밖에서 얻어진 행복은 언젠가는 사라지는 것들이다. 이왕 행복을 원한다면 사라질 행복 말고 영원한 행복이 좋지 않겠는가? 영원한 행복은 마음에서 오는 것이고, 그것은 이미 내 안에 와 있으며, 내 안에 가득하다. 그 행복을 믿고 발견하며 누리는 것은 전적으로 내 몫이다.

3장

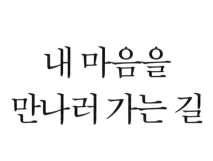

내 마음을
만나러 가는 길

나 자신의
과거와 화해하자

"너는 지금 이 꼴을 당해도 싸!"

'나는 왜 이거밖에 안 될까?' 하는 자괴감. 정도의 차이가 있을 뿐, 자괴감과 자학에서 자유로울 수 있는 사람이 얼마나 될까!

수연 씨는 20대 때 어느 한 시점의 자신의 모습이 너무나 싫다며 자학을 했다. 왜 그렇게 자신을 학대하는지 이유를 물어보니, 그때의 자신이 도저히 용서가 안 된다는 것이다. 용서가 안 될 정도로 못돼먹었던 자신이 한없이 부끄럽고 형편없게 느껴진다고 했다. "어떻게 그때 그런 행동을 할 수 있었을까요? 그때는 그게 부끄러운지도 모르고 했어요. 그런 행동을 저지르면서도 '이러면 안 되는 건데, 이거 잘못하는 건데….'라는 생각이 들긴 했어요."

안 되는 줄 알면서도 멈출 수가 없었던 수연 씨. 어쩌면 누구에게나 한 번쯤 있었을 경험, 그리고 현실의 일이 안 풀릴 때마다 '난 지금 이 꼴을 당해도 싸. 이건 그때 그 일에 대한 업보야' 하는 마음을 겪는 이가 비단 수연 씨 뿐일까?

그때 그랬네. 그래서 뭐?

수연 씨는 자신이 잘못한 과거의 사건을 그때의 것으로 놔두는 게 잘 안 되고, 현재 벌어지는 안 좋은 일들의 원인을 과거의 어느 한 시점에 자신이 잘못한 행위에 대한 업보로 돌리는 경향이 강했다. 일상생활에서 어려움에 봉착할 때마다 '20년 전 그때 내가 그런 행동을 했기 때문에 지금 이렇게 된 거야. 저 사람이 나한테 이래도 싸!' 하는 식으로 자기학대로 이어지고 있었다.

이런 경험은 수연 씨만의 경험이 아니다. 우리들 모두가 흔히 겪는 문제이기도 하다. 특히나 그것이 돌아가신 부모님과 엮여 있을 때는 헤어나기가 참 힘들다.

자책과 자학으로 시간을 보내는 수연 씨에게 나는 "지금 일이 안 되는 건 지금, 현재에 원인이 있는 거지, 20년 전의 그 일에 원인이 있는 것이 아니에요."라고 말했다. 수연 씨뿐 아니라 현재에 빚어진 일의 원인을 과거에서 찾는 많은 이들에게, 나는 자주 이렇게 말한다.

"그래요, 그때 당신은 그랬어요. 그래서 그게 뭐요? 그게 지금 이 일과 무슨 상관일까요?"

과거의 사건들은 지금의 내가 있기까지 다 필요했던 일들이다.

단 하루도 없어서는 안 되었을 시간들이다. 나 자신의 과거와 화해한다는 건 나 자신을 있는 그대로 인정하는 일이다. 과거의 어떤 하루도, 어떤 한 시간의 조각도 없고서는 지금의 내가 있을 수가 없음을 아는 것이다. 지금의 내가 존재한다는 건 그 모든 시간들이 있어준 덕분이다.

그때 나의 그 허물, 아쉬운 점들은 지금의 시각에서 보니까 참 못됐고, 후회되고, 용서가 안 되고 잘못한 것이지만, 그때는 그게 최선이었던 거다. 당시 나는 그 수준밖에 안 됐던 거다. 그걸 인정해보자. "잘났다, 못났다, 잘했다, 못했다"는 판단을 거두고, 우선은 '그때 내가 그랬다'는 사실을 인정하고 마주하자. 그게 바로 자신의 과거로부터 벗어나는 첫 순서다!

만약 과거의 일로 인해 후회라는 감정이 나오면 후회스러운 그 장면을 있는 그대로 마주하자. 부끄러운 짓, 나쁜 짓 했던 자신이 떠오를 때 그냥 자기를 인정해주자. 인정하면서 용서해 주자. '그래, 너 그랬네. 과거에 너 그랬네.' 하면서 그냥 그대로 봐주는 거다.

그냥 두지 않고 과거의 사실에 너무 힘을 주면, 자기 안에서 재조합되고 재해석되며 부풀려지는 경향이 있다. '너 그때 엄청 잘못했어. 네가 인간이야? 그건 인간 이하야.'라고 자신을 엄청 학대하는 쪽으로 발전되기도 쉽다. 그 일에 대해 평가나 판단을 하지 말고 그냥 있었던 사실로만 놔두자. 그냥 그때 일로만 놔두자.

지금의 내가 과거의 나를 부끄러워하는 건 그만큼 내가 성장하고 발전했다는 의미일 수 있다. 그때의 나는 그냥 그럴 수밖에 없는 존재였음을 그냥 '쿨하게' 받아들이자.

'그때 그랬어. 그래서 뭐? 그때는 그게 옳다고 판단되었지만, 지나고 보니 그때의 내 생각이 틀렸구나'라고 인정하는 것에 인색하지 말자. 인정하는 만큼 커가는 것이다. 받아들이는 만큼 넓어지는 것이다. 내 마음의 그릇은 내가 키우는 거다.

지금의 나를 놓치지 않는다

"지금의 내가 그때의 나인가?"라고 스스로에게 질문을 던져보자. 지금의 나는 그때의 내가 아니다. 같은 사람이지만 다른 사람이다. 지금의 나는, 그때의 나를 부끄러워하고 잘못을 인정하는 나이다.

과거의 나랑 화해한다는 건 지금을 놓치지 않는 삶이다. 지금의 나를 중요시하고, 지금을 놓치지 않을 때 과거도 그렇게 있는 그대로 놔둘 수 있다. 과거에 힘을 줘서 휩쓸려 가거나 지금의 내가 영향받지는 않는다. 과거가 밑바탕에 있어 줘서 마치 그 위에 집이 하나 올라간 것처럼 기초로 계속 남아주는 거다. 지금의 나를 튼튼하게 받쳐주는 거다. 지금의 내가 있기까지 당연히 필요한 것이었음을 받아들이고 너무 학대하거나 미워하지 않는 것이다. 과거를 무시하거나 부정하지도 않고 그대로 두면서, 지금의 나를 놓치지 않는 삶이 지금의 내 마음을 만나러 가는 길이다.

'나'는 고정되어 있지 않은 존재임을 받아들이자

수연 씨는 덧붙여서 이렇게 말했다. "예전에 제가 정말 못되게 굴었을 때의 친구가 지금 저를 떠올린다면, 아마도 '걔 진짜 못돼먹었어.'라고 기억할 거예요. 그 친구가 저를 그렇게 평가해도 저는 할 말이 없어요.'"

우리는 무수히 많은 사람을 만나고 산다. 나를 아는 사람이 가령 100명이라고 했을 때 그 100명이 나를 다 똑같이 알고 있을까? 나는 100명에게 똑같이 생각될까? 절대 그렇지 않을 것이다. 사람과 사람 사이의 인연이 다 다르기 때문에, '나'라는 사람은 어떤 고정된 모습을 가지고 있는 것이 아니다. 따라서 내가 과거에 어떤 과오가 있었든, 어떤 경험을 그 사람과 같이 했든, 어떤 좋은 기억 혹은 나쁜 기억이 있든, 고마운 기억이나 미안한 기억이 있든, 나는 그냥 다양한 모습을 다 갖고 있는 존재다. 그러므로 내 마음을 만나러 간다는 건 고정된 내가 아니요, 결정된 내가 아님을 알게 되는 여정이다.

발로참회

나 자신의 과거와 화해하는 최고의 방법은 참회(懺悔)이다. 참회는 회개와는 약간 다른 개념으로, 아주 능동적이고 긍정적인 개념이다. 참회는 반성이 50퍼센트, 다짐이 50퍼센트로 이루어져 있다. 다만 반성이 다짐보다 앞서 나와야 한다. '그때 내가 참 잘

못했구나', '그때 내가 참 어리석었지', '그래, 그건 좀 아니었어', '참 미안해', '나 참 잘못했네'라는 반성을 먼저 하는 것이다.

이렇게 반성으로만 끝나면 참회가 아니다. 모든 존재가 완벽한 지혜와 복덕을 갖추고 있는데, 우리가 그러한 존재임을 모르고 살기에 욕심내고, 화내고, 어리석게 살 뿐이다. '욕심내고, 화내고, 어리석은 '탐진치(貪瞋痴)'는 우리의 본래 모습이 아닌데 본래대로 살지 못했음을 '반성'하면서, 이제는 내 존재가치에 맞게 살아야겠다고 '다짐'을 하는 것이다(반성+다짐=참회). 지금 돌이켜봤을 때 너무나 창피하고 후회되는 이런 일을 다시는 저지르지 말고 반복하지 않으며, 이제부터는 본래의 내 생명 가치, 존재 가치대로 살아야겠다고 다짐하는 일이 진정한 참회다.

참회는 소참과 대참으로 나뉜다. 반성만 하는 작은 참회를 소참이라 하고, 다짐까지 하는 걸 큰 참회라고 해서 대참이라 한다. 참회의 본뜻은 대참이다. 소참은 '잘못했다, 미안하다'로 끝나지만, 대참은 '이제 다시는 그러지 말아야겠다'라고 가슴을 활짝 열고 능동적이고 적극적으로 나아간다는 점에서 다르다. 잘못했다고 쭈그리고 있는 게 아니라 '그래, 나 잘못했었어. 그런데 나 이제 앞으로 안 그럴 거야. 난 원래 그런 사람이 아니야.'라고 오히려 당당하게 나아가는 게 참회다.

혹여 자신이 어떤 죄를 지었다는 생각에 사로잡혀 짓눌려 있다면 참회를 해보자. 죄라는 것에는 실체가 없다. 죄를 알아채는 우리의 '의식'만 있을 뿐이다. 참회를 아침이슬에 비유해서 '발로참회(發露懺悔)'라고도 부른다. 발로참회란 우리의 허물이나 과오를 물방울이 맺힌 이슬에 비유한 것이다. 이른 새벽, 풀잎에 맺힌 이슬은 햇살이 따스하게 비치면 온데간데없이 사라진다. 없애려고 의도한 게 아니라 그저 햇살에 있는 그대로를 드러냈을 뿐인데, 소리 없이 흔적 없이 사라진다. 그게 참회의 원리다.

참회는 숨기지 않고 드러내는 것이다. 그냥 있는 그대로 드러내며 마주하는 것이다. 창피했던 과거도 부끄러운 과거도 그냥 있는 그대로 내가 마주하면 이슬이 햇살 아래 사라지듯이 어둡고 부정적이며 무거웠던 마음도 사라진다.

과거의 나를 고정시켜 놓고 '너 잘못했어, 나빴어, 그때 왜 그랬어?'라며 스스로를 계속 응징하지 말고, 그냥 지금 있는 그대로의 나를 드러내고 마주하자. 그게 진정으로 자신의 과거와 화해하는 길이고, 진짜 내 마음을 만나러 가는 길이다.

미워했던 이에게
편지를 쓰고 태우자

혼자 북 치고 장구 치는 '미워하기'

세상에 증오와 미움의 마음을 품어보지 않은 사람이 몇이나 될까? 이 책을 읽는 지금도 누군가를 미워하며 번민하고 있는 독자도 계실 것이다. 남을 증오하고 미워하는 마음의 무게는 얼마나 무거울까? 그 대상이 누가 됐든 간에 미움과 증오를 내 마음에 지니고 있다는 것은 분명 힘겨운 일이다.

우주 만물은 지수화풍(地水火風), 즉 흙과 물과 불과 바람의 4대 요소로 이루어졌다고 보통 표현을 한다. 그래서 우리 육신도 죽으면 눈물 콧물은 물로 돌아가고, 미움이나 증오 같은 화(火)의 에너지는 불로 돌아간다고 한다. 불같이 화를 낸다는 말이 그냥 나온 말이 아니다. 미움의 불기운을 마음에 항상 지니고 있는 것은, 가슴속에 마치 독을 품고 있는 것과 같아서 정신건강뿐만 아니라 몸

건강에도 빨간불이 들어와 반드시 병을 불러오게 마련이다.

그런데 여기서 중요한 사실은, 정작 내가 미워하는 그 당사자는 아무것도 모르는 채 평화롭게 자기 갈 길을 가고 있다는 사실이다. 그는 잘 살고 있는데 나 혼자 북 치고 장구 치며 미워해봐야 무슨 소용이란 말인가! 미워해서 내 몸이 아프면 누구 손해인가? 결국 내 손해다.

미움의 화기로 몸에 병이 오는 손해도 적지 않은 손해인데, 누군가를 증오하고 미워하면 몸의 병에서 그치지 않고 삶의 질까지도 떨어진다. 좋은 일이 있어도 마음껏 기뻐하지 못하고 어딘가가 늘 편치 않다. 마치 구겨진 옷처럼 마음 어딘가에 주름이 펴지지 않고 있다고나 할까? 그래서 표정도 그늘져 있다. 남을 향한 증오와 미움 같지만 결국은 그것이 고스란히 자신에게로 와서, 증오와 미움을 품은 스스로에 대해 부정적 감정을 갖게 되고 자존감도 떨어지게 된다. 몸은 아파서 병들었지, 삶의 질은 떨어졌지. 이쯤 되면 궁금해진다. 도대체 이 미움이 누구를 위한 미움일까? 미워하면, 누구 손해일까?

어른아이

'어른아이'라는 말이 있다. 유년기나 성장기에 부모님에게 받은 마음의 상처로 인해 아직 아이에서 헤어나지 못하는 어른을 말한다. 어른아이가 된 이유에는 자랄 때 부모로부터 억압받았거나 과도한 책임감이 주어졌을 때가 많다. 살아계신 부모님과 관계가 안 좋거나, 혹은 부모님이 돌아가신 경우에도, 상처 입은 관계가 회복하지 못한 채 단절되었기에, 어른아이에서 머물러 있게 된다. 경험도 부족하고 아직 무르익지 않은 내면으로 인해 타인과의 관계에서도 많은 어려움을 겪는 걸 보게 된다. 어린 시절 상처받은 '내면아이'를 가지고 사느라, 늘 불안해하고 사회에서도 제대로 어른 대접을 받지 못하는 '어른아이'들이 의외로 많다.

"부모님이 가장 미웠어요"

내가 아는 Y씨는 늘 부모님 이야기를 한다. 어떤 대화가 오고 가든 간에 Y씨 입에서는 한 번쯤 꼭 이런 말이 나온다. "우리 엄마 아빠는 안 그랬는데….", "우리 엄마 아빠는 나를 많이 괴롭혔는데…." 이 얘기가 습관적으로 나오곤 한다. 어느날 나는 Y씨에게 "왜 그렇게 부모님을 미워하세요?"라고 물었다. 그리고 수십 년의 세월이 흘러도 부모님을 미워하는 마음이 아직까지도 사그라들지 않는다면 글로 한번 자신의 마음을 적어보시라고 권했다.

편지를 써서 태워보자

나는 Y씨에게 편지를 써보라고 권했다.

만약에 부모님이 돌아가셨다면, 돌아가신 분한테도 그때 이야기 못해서 가슴에 맺힌 이야기나 응어리를 풀어낼 방법이 필요하다. 그럴 때 '편지를 쓰고 태우기'를 추천한다. 편지가 좋은 것은, 쓰기로 마음먹은 순간부터 치유가 시작되기 때문이다. 편지를 쓰고 태우는 것의 목적은 상대방에게 전달하는 것이 아니라 자신의 마음을 꺼내놓는 것이다. 상처받았던 그 지점으로 돌아가 그때의 나의 감정과 상황에 대해 부모님께 솔직하게 편지로 이야기를 하는 것이다. 편지쓰기의 위대함은 '꺼내놓는 과정에서 내 마음을 만나러 갈 수 있다'는 것에 있다. 돌아보고 싶지 않고 만나고 싶지 않은, 한마디로 불편한 나의 과거를 마주하며 꺼내놓는 것 자체가 이미 반 이상은 해결이다.

"저, 그때 그랬었어요." "저 그때 이래서 너무 힘들었어요"라고 시작을 하는 거다. 부모님에게 "당신은 그때 왜 그러셨어요?"라고 따져 물을 수도 있겠지만, 일단은 힘든 내 마음을 내가 꺼내놓고 바라봐주며 보듬어주는 게 필요하다. 발로참회發露懺悔처럼 안에 있는 응어리를 햇살 아래로 드러나게 하는 것이다. 그다음으로는 부모님으로부터 듣고 싶은 이야기를 내가 쓰는 것이다. 부모로서 어린 나에게 들려주고 싶었을 이야기를 써도 좋고, 내가 듣고 싶은 이야기를 써도 좋다. 쓰고 나서는 마치 부치지 못한 편지처럼 이제 미련 없이 태워버린다.

바깥공기가 잘 통하는 베란다에 나가서 태워도 좋고 파인애플 깡통 같은 큰 캔 안에 편지를 넣고 태워도 좋다. 물론, 어디까지나 안전을 기하기 위해 옆에는 물 한 바가지 준비해 놓자. 종이는 후

루룩 금세 타버리니까 손 데지 않게 조심도 하면서.

세월이 가도 부모 자식 관계는 변하지 않는다

교단에서 오랜 세월 아이들을 가르쳐온 현직 초등학교 선생님의 책을 읽고 '저자와의 대화' 시간에 참석했을 때의 일이다. 저자가 객석에 앉은 어머니들께 질문을 던졌다.

"저는 해가 바뀔 때마다 새 친구들을 만나면 질문지를 돌려요. 거기에 부모님께 제일 듣고 싶은 말이 뭐냐고 묻거든요. 그러면 아이들한테서 무슨 말이 제일 많이 나오는지 아세요?"

그 질문에 객석에서는 "잘했어", "고마워", "최고야", "사랑해", "멋있어", "넌 할 수 있어!" 등 정말 많은 말들이 어머님들로부터 자신 있게(?) 쏟아져나왔다. 그러나 그 선생님은 "정답이 아직 나오지 않았어요. 제가 이 질문을 지금까지 숱하게 많이 해봤지만, 정답이 쉽게 나오지 않는 건 예나 지금이나 마찬가지네요."라며, 이게 정말 변하지 않는 일이라고 했다.

"그 정도로 부모님들이 잘 모르고 계세요. 아이들이 듣고 싶은 말이 뭔지…. 아이들이 제일 듣고 싶어 하는 말은 바로 '미안해!'에요."

다들 "아!" 하는 탄성이 나왔다.

부모로 인해 상처받는 경우가 99퍼센트라고 해도 틀리지 않을 거다. 어른이 되어서도 해소되지 않는다. 그때 왜 그랬는지, 그렇게 어리고 연약했던 나한테 왜 그랬는지 도대체 원망심이 사라지지 않는 것이다. 그러니 반드시 한 번은 풀어내야 한다. 만약에 그걸 풀지 못하고 부모님이 돌아가셨거나 내가 죽게 된다면, 해결되지 않는 문제로 계속 남아 발목이 잡히게 된다. 어른이 된 우리도 어린 시절의 응어리가 해소되지 않은 경우가 많을 수 있다. 다짜고짜 "그때 그거 사과받고 싶어요" 하기는 쉽지 않으니, 지금 살아계신 부모님께, 그게 엄마인지, 아빠인지, 두 분 다인지, 편지를 직접 전달할지 안 할지 모르겠지만, 일단 내 마음을 내놓아 봐야 된다.

쓰다 보면 '그때 엄마는 이래서 그랬겠구나', '그때 아빠도 어쩔 수가 없으셨겠구나' 하는 식으로 이해되기도 할 것이다. 쓰다가 눈물바다가 되기도 할 것이다.

이 방법을 권해드려도 혼자 하라면 잘 못하게 된다. 그래서 나는 마음나누기를 할 때에 부모님과 어려운 관계에 있는 분에게는 이 방법을 꼭 추천한다.

꼭 부모님만이 아니라, 스스로가 화해하지 못하고 있는 어떤 대상이 있다면 그게 원망일 수도 있고 어떤 미안함일 수도 있는데, 어쨌든 내 마음에 계속 응어리로 남은 어떤 상대방이 있다면 그 대상에게 발목을 잡히지 말고 편지를 씀으로써 자기를 해방시켜보기를 권한다.

증오와 미움과 미안함의 대상에게 편지를 쓰는 가운데 자신의 진짜 마음을 있는 그대로 마주하게 될 것이다.

태우고 나서 환해진 얼굴을 마주하자

나는 초등생 대상의 어린이법회 지도법사를 하면서 아이들과 함께 해마다 마음을 담은 편지 쓰기 행사를 치르곤 했다. 어린이 친구들에게 한 해 동안 지내면서 가슴속에 담아둔 일들, 누군가에 참 미안했는데 사과하지 못한 일, 잘못했는데 용서를 구하지 못했거나 숨긴 일, 너무 고마웠는데 고맙다는 인사를 하지 못한 일 등등 참회할 일들과 새해의 다짐, 약속을 편지지에 쓰고 태우게 했다. 이 의식을 치르면, 아무리 어린 도반들이라도 누구나 다 편지에 빼곡하게 자기 마음을 담는 것을 보게 된다.

프로그램이 진행될 때 촛불 아래서 잔잔한 음악을 들으며 각자의 마음을 마주하고 편지를 쓰는 아이들의 모습은 매우 감동적이다. 그리고 감동의 클라이맥스는 바로 소각할 때 온다. 자신을 힘들게 했던 어두운 감정들은 모두 훨훨 날려 보내고 새로운 마음으로 채워진 아이들의 얼굴은 그렇게 환할 수가 없다.

어린이든 어른이든 또 어른아이든, 응어리진 감정을 태워서 보낼 건 보내고 맞이할 건 맞이하자. 환한 내 얼굴을 마주하는 가장 빠른 길이자 마음의 힘을 키우는 좋은 방법이 될 것이다. 이것이 내가 편지 쓰고 태우기를 '강추'하는 이유다.

나의 역사를
마주하자

편지, 일기, 사진은 나의 역사를 보는 시간이다

살다 보면 내 편이 그리울 때가 있다. 톡! 건드리면 금세라도 울음이 터질 것 같은 순간도 있다. 안기면 그냥 가만히 아무 말 없이 등 쓰다듬어주는 것으로 무언의 위로와 격려를 보내주던 어린 시절의 엄마 손길이 그리운 날도 있다. 그렇게 뭔가 마음이 허허롭고 기운이 처져 있을 때, 나는 일기장이나 앨범을 펼쳐본다. 학창 시절 일기장과 앨범에는 나의 역사가 들어 있다. 어느 드라마나 영화보다 재밌어서 한번 보기 시작하면, 마치 넷플릭스의 '다음 회' 늪에 빠진 것처럼 헤어나오기 힘들다.

우울한 날엔 옛 사진, 옛 일기장, 학창시절 친구들하고 주고 받았던 옛 편지들과 같은 내 기록과 내 모습 보기를 은근히 많이 즐겨 했다. 힘들 때면 일부러 온종일 음악 틀어놓고 상자 속 빼곡히

들어 있는 편지들을 읽었다. 옛날 일기들도 읽었다. 그러다 보면 나도 모르게 어느새 내 안에 힘이 채워지는 걸 느끼곤 했다. 좋아하는 작가의 소설이나 수필집을 집어 들 때도 있지만, 그에 못지않게 내 역사가 담긴 나의 스토리 읽기를 좋아했던 나는, 이미 오래전부터 나의 최고 빅팬이었음이 분명하다. 다른 이의 삶에서도 힘을 얻지만, 그 누구보다도 나는 나 자신의 지나온 시간 속에서 치열한 삶을 살아온 흔적들을 마주하며 다시금 기운을 얻었던 것이다. 많은 허물이 그대로 간직된 기록들이지만, 그 지나온 날들을 부끄러워하기보단, 있는 그대로의 내 역사를 나는 무척이나 사랑해온 것 같다. 돌아보면 그러한 나만의 의식이 마음을 단단하게 하는 데 일조했으리라 생각한다.

학창시절부터 일기 쓰기를 참 좋아했다. 청소년기의 성장통이 담겨 있고, 짝사랑했던 독서실 오빠 이야기도 있다. '이 나이 때 내가 이런 생각을 했다니?! 대단한걸', '중1밖에 안 됐는데 이런 성숙한 글을 쓰고 이런 심오한 내용의 편지를 주고받았다니 믿기지가 않는걸!' 하면서 감탄도 하고, 잔잔한 웃음과 재미와 감동이 어우러진 은밀한 시간을 즐기고 나면, 링거 주사 한 대 맞은 것처럼 뇌세포 감성세포 다 살아나서 처진 마음은 어느새 쌩쌩해진다. 변화무쌍한 일상에 치여 그것에 함몰될 때, 내가 놓치고 있던 것들을 다시 채우면서, '그래, 나 이런 사람이었지!', '나 참 괜찮은 사람이야!', '나에겐 이런 소중한 시간들이 있었지.' 하게 된다. 그러다 보면 말하지 않아도 어느새 "내가 지금 이럴 때가 아니라 힘을 내야지." 하게 된다. 저절로 스스로에 대한 자긍심이 채워져 어려움을 딛고 일어서 있는 나를 만나곤 한다.

나는 사진 찍는 것도 참 좋아했다. 매 순간을 사랑해서일까? 어느 공간에서 어떤 상황에 놓이더라도 그 순간을 남겨놓고 싶은 욕구가 남들에 비해 무척 큰 편이라, 사람들한테도 "내게는 마치 종군기자의 피가 흐르는 것 같다."는 말을 자주 해왔다. 이십여 년 전, 하늘이 너무 예뻐서 올려다보며 동영상을 찍다가, 움푹 패인 곳을 못 보고 홀라당 넘어졌는데, 그때 바닥에 있던 돌에 머리를 찧었다. 위험한 상황인데도 순간적으로 내 입에서 튀어나온 말은 "카메라!"였다. 다친 머리 걱정보다 본능적으로 캠코더부터 가슴에 안았던 기억을 떠올려보면 영상기록에 대한 내 욕구를 어느 정도 짐작할 수 있다. 그렇게 남긴 순간의 삶의 기록들 또한 나의 역사를 보여주며 내 마음을 채워주는 비타민이다.

부엌데기 방이라도 하루 종일 머물고 싶었다

마음에 부침이 좀 있고 위로받고 싶은 날, 보기만 해도 위로가 되는 엄마, 아버지가 계신 친정이 10분 거리에 있다는 건 큰 복이다. 친정도 그냥 친정이 아니라 내가 태어난 생가가 있고, 뛰어놀던 마을이 있는 친정이 근처에 있다는 것 자체가 내게는 안정감을 준다. 그것만으로도 감사한데, 친정에 아직도 '나만의 공간'까지 있다면 이건 정말 큰 복이다. 친정집 부엌 옆에 딸린 창고 같은 부엄데기 방에는 언니, 오빠들의 상장들과 졸업 앨범이 보관되어 있는 책장이 있는데, 그 아래 서랍들에는 나의 보물들도 같이 있다.

그날도 딱히 뭐 때문이라고 이름 붙이기는 어렵지만, 마음에 충전이 필요한 날이었다. 일기와 편지를 읽으며 몇 시간이 흐른 지도 잊은 채 그렇게 혼자 울었다 웃었다 하며 그 작은 골방에서 종일을 보냈다. 하루 종일 있어도 재밌었다.

엄마라는 이름, 며느리라는 이름, 사회인이라는 이름으로 살면서 지친 심신을 달래주는 너무나 편안한 공간! 엄마, 아부지의 딸로 온전히 사랑받던 나를 느낄 수 있는 공간! 내 존재가 어디에서부터 비롯되었는지, 왜 사는지, 어떻게 살아가야 하는지를 마음으로 들을 수 있는 공간. 내 뿌리와 가지와 잎이 돋아나 꽃과 열매를 언제든 응원해주는 그곳에서 나는 한없이 따뜻하고 단단한 나의 마음을 만날 수 있었던 것이다.

'베프'에게 보낸 편지

여고 시절부터 베프인 나의 사랑하는 친구! 대학생 아들 둘과 막내딸을 둔 그녀는 다섯 살 때 미국으로 이민을 간 교포와 결혼해 플로리다에 살고 있다. 그녀가 결혼한 지 6개월 무렵에 편지 한 통이 날아왔다. 이민 2세대이신 시어른들과의 갈등으로 인한 심각한 고민이 담겨 있었다. 키웨스트섬에서 혼자 울면서 자신의 마음을 써 내려가고 있었다. 그때 나는 이십 대로 결혼 전이었고,

이제 막 법회를 만나 법문을 듣고 있을 때였다. 그녀의 인생에서 어쩌면 첫 번째 큰 고비로, 절체절명의 순간 같은 직감이 들었다. 며칠이 걸려 내게 온 편지이고, 답장 또한 며칠이 걸려 그녀 손에 닿겠지만, 나는 그날 하루를 꼬박 답장 쓰는 데 보냈다. 온 정성을 기울여 편지지 열두 장을 쓰고 나니 밖은 캄캄했다. 나중에는 팔꿈치가 펴지질 않을 만큼 고통스러웠다.

'내가 법문을 들었는데, 이런 마음은 이런 원인에서 생기는 거래. 이럴 땐 이렇게 마음을 먹으면 좋대.'라는 식으로 법문을 전해 줬다. 친구는 내 편지의 도움으로 마음을 돌릴 수 있었다고 했다. 그 후로 지금까지 너무나 멋지게 부모님 봉양 잘하고 삼 남매를 훌륭하게 키워내며 잘 살고 있다. 그녀가 스무 살 꽃다운 나이에 외딴곳 기숙형 스파르타 재수학원에서 일기 쓰듯 매일 내게 편지를 보내며 힘겨운 시간을 넘겼듯이, 그녀의 결혼생활 중 힘든 고비에서 전환점이 되어준 편지 한 통! (그때 내가 뭐라고 썼었는지 보고 싶을 때가 있다.)

나는 내가 쓴 편지를 못 보지만, 골방에서 나에게 보낸 친구들 편지를 보고 있다 보면, '내가 힘을 얻었듯이 다른 누군가는 내가 보낸 편지를 가지고 힘을 얻었겠구나.' 하는 마음에 가슴이 따뜻해진다. 나에게도 있었을 고비를, 지금 내가 읽고 있는 편지를 준 주인공들인 나의 친구들 덕분에 나도 무사히 넘겼을 것이다.

나의 히스토리가 곧 내 마음을 만나러 가는 길이다

이 편지들은 서로의 힘겨웠던 순간들을 함께 하며, 위기를 넘기게 도와주고, 용기를 북돋아 주며 삶을 헤쳐나갈 수 있게 해준 '은인'이다. 더 정확히는 편지를 주고 받았던 수많은 은인들이 내 삶의 역사 속에 함께 계셨었다는 증거이다. 그 역사의 순간들이 모이고 모인 것이 지금의 나인 것이다.

'편지를 통해 만나는 나의 히스토리'에 나의 본래 마음을 만나러 가는 길이 있다.

훗날 친구는 그때 내가 보냈던 편지를 늘 머리맡에 둔다고 했다. 왜 그러냐고 물으니, 내 편지의 겉봉투만 봐도 힘이 난다는 것이었다. 받아서 모아두었던 편지들을 통해 내가 나의 히스토리를 만나고 내 마음을 만났듯이, 아마 친구도 자신이 힘을 얻었던 내 편지를 통해 자신의 마음을 만난 게 아니었나 생각한다.

내가 살아온 시간을 한 번 본다는 것은 나의 역사와 뿌리를 보는 시간이다. '나'라는 인간의 존재가치를 다시금 새기며, 나를 키워온 인연들과 나를 지탱해주는 힘을 보는 시간이다.

낯선 곳에
자신을 내맡겨라

나를 키운 건 8할이 여행

시인 서정주는 〈자화상〉에서 "스물세 해 동안 나를 키운 건 팔할(八割)이 바람이다"라고 썼다. 나는 감히, 나를 키운 8할은 여행이라고 말할 수 있다.

나는 여행으로 큰 사람이다. 나를 키워준 많은 요소들 중에 단연 으뜸은 여행이다. 여행을 통해 나를 알고, 여행을 통해 나를 만나며, 여행을 통해 세상을 배웠다. 자기 자신을 있는 그대로 마주하며 본래의 마음을 회복하기 좋은 솔루션으로 나는 여행을 강추한다.

내가 기억하는 강렬한 첫 여행의 기억은 고등학교 때 밤 열 시를 훌쩍 넘긴 늦은 시각에 집을 뛰쳐나와 막차를 타고 2시간을 돌아다니다 다시 집으로 돌아온 '반항의 여행'이었다. 그때 텅 빈 버스에 오르면서 느꼈던 슬픔과 억울함, 차 안에서 2시간 내내 차창 밖으로 스쳐 가는 깜깜한 풍경을 보았던 기억. 마침내 집으로 돌아오면서 느낀 새로운 감정. 그리고 마당에서 언제 딸이 들어오나 2시간 내내 나를 기다리고 있었던 부모님 모습까지.

환경이 달라지면 이해의 폭도 달라진다

그날의 가출은 부모님에게 혼이 났기 때문이었다. 정확히 무슨 일 때문에 혼이 났는지는 기억나지 않지만, 암튼 너무나 속이 상해서 맨몸으로 집을 나왔었다. 나는 고양시 일산 토박이로 식사동에서 나고 자랐는데, 동네 정거장에서 서울역까지 가는 버스를 타면 내리지 않고 순환되어 탔던 곳으로 돌아왔다. 밤늦은 시각에 갈 곳은 없고 시골 마을이라 정거장으로 걸어 나가는 것 자체가 무서운 일이었는데, 깜깜한 길을 걸어 거의 막차인 버스를 타고 맨 뒤칸 구석 자리에 앉아 창밖을 보며 생각을 정리하고 마음을 추슬렀던 기억이 난다.

집에서 벗어나 버스를 통해 계속 지나가는 바깥의 낯선 풍경들은 비록 어두워 잘 보이진 않아도, '내 집' 안의 '나'라는 틀에서 벗어나게 도와줘서 나의 견고한 감정과 생각들로부터 나를 놓여나게 해주었다. 나는 잘못한 게 없는데 부모님께 혼이 났다고 하는 억울함도, 나는 그 상황에서 왜 그런 행동을 했는가라는 자책감도 모두 멀리 떨어뜨려 놓고, 원근감을 가지고서, 나 자신과 부모님을 객관적인 시각으로 바라볼 수 있었다.

가는데 1시간, 오는데 1시간, 왕복 2시간이 내게는 마치 여행과도 같은 시간이었다. 버스 여행을 마치고 다시 그 캄캄한 길을 걸어 집으로 오는데, 이미 그때의 나는 이전의 나와 다른 나임을 느낄 수 있었다. 아까의 일이 더 이상 나에게 큰일로 느껴지질 않았다. 늦은 밤 딸이 안 들어오니 걱정스런 마음에 마당을 왔다 갔다 하시던 아버지의 실루엣이 아직도 기억이 난다.

이때의 일은 버스 여행을 통해 나를 돌아보고 내 감정을 추슬러서 위기를 넘겼던 나의 첫 경험이기도 하다. 익숙한 환경에서 내 감정에 매몰되어 내 입장에서만 바라보는 것이 아니라, 낯선 공간에서 낯선 관점으로 나 자신과 부모님을 바라보면서 오히려 문제의 본질을 더 잘 이해했던 소중한 체험이기도 하다.

살다 보면 마음을 추슬러야 할 때가 있다. 내가 왜 그랬는지 이유를 모를 때, 또는 다른 이의 마음이 이해 안 될 때 우리는 그 환경에서 벗어나 다른 관점에서 그 상황을 이해하고 나를 보는 일이 필요하다.

세상은 고마운 곳이야

나는 여행을 통해 '세상은 험한 곳이야. 그러니 남을 경계하고 조심해야 해.'가 아니라 완전히 그 반대로 '세상은 참 고마운 곳이야. 사람들은 내가 도움을 청할 때 언제든지 도와주고 나를 살려주는 분들이야. 그래서 세상은 참 아름다워!'를 배웠다.

20여 년 전에도 인신매매단이 판을 칠 때라 여자 혼자 여행하는 게 쉬운 일은 아니었는데, 부모님께서는 너무나 감사하게도 2남 2녀의 막내딸인 내가 혼자 여행을 간다고 했을 때 한 번도 반대하신 적이 없었다. 내가 어디를 간다고 할 때, 혹은 내가 무엇을 한다고 할 때, 반대 없이 믿어주셨던 부모님의 마음은 사실은 그 어떤 무엇보다 무섭고 강력하고 큰 가르침이었다. 왜일까? 나를 믿어주신 것이기 때문에 나는 나를 믿어주신 부모님을 실망시키지 않기 위해 더 바르게 행동하고 더 바르게 살려고 노력했기 때문이다. 믿어주는 것만큼 큰 가르침이 없다. 가수 이적의 어머니로 유명하신 박혜란 선생님의《믿는 만큼 자라는 아이들》(나무를심는사람들, 2019).이라는 책 제목은 내가 아주 좋아하는 문장이다.

늘 자식을 믿어주시고, 하고 싶다는 일을 지지해주셨던 부모님 덕분에, 일반적으로 흔한 체험은 아닐 수 있으나 세상은 참 고마운 곳이라는 인식을 하게 된 여행이 있다. 1993년 대학 4학년 여름방학 때, 지리산 종주도 안 해보고 대학을 졸업하면 뭔가 안 될 것 같아 동기 한 명과 기어이 감행한 적이 있다. 나는 여대를 다녀서 방학이면 동기들을 데리고 산으로 바다로 함께 여행하기를 즐겼다. 인터넷이 없던 시절이라, 교보나 종로서적에 가서 여행 책자에 나온 기차 시간표, 배 시간표, 숙소 전화번호 등을 노트에 적으며 여행 준비를 하던 때였다.

일주일간 종주 계획을 짜고 마지막 하산하던 날, 친구가 다리를 절기 시작했다. 아파서 더 이상 못 걷겠다는 거다. 진주로 나가는 막차 버스를 타려면 지금 내려가야 했기에 참 난감한 상황이었는데, 그때 갑자기 어떤 키 작은 아저씨가 나타나서서 친구 배낭을 낚아채고는 우리들에게 "빨리 걸으라"면서 먼저 내려가시는 거다.

거의 축지법 쓰듯이 날아가셨는데, 가방 생각에 친구도 다리 아픔을 잊고 막 뛰기 시작했고, 나 역시도 배낭을 메고 거의 뛰다시피 숨 가쁘게 내려갔다. 정신없이 뛰어가 버스 종점에 도착하니 등산객들이 버스를 기다리고 있었고, 평상 위에 친구 배낭이 놓여 있었는데, 아저씨는 온데간데없이 사라지셨다. 너무 정신없이 내려와서 미처 몰랐는데, 그때 주위는 캄캄했고, 그 버스는 막차였으며, 만약에 그 아저씨가 아니었으면 우리는 산속에 꼼짝없이 갇혀서 밤새 추위와 싸웠어야 했다. 핸드폰이 없던 시절이니 구조대와 연락도 안 되고 어떤 일이 생겼을지 상상하고 싶지도 않다. 하산 시간 계산을 잘못한 건지, 그렇게 뛰어 내려왔어야 간신히 막차를 탈 수 있었다니, 그리고 그때 마침 혜성처럼 나타나 가방을 낚아채고 우리를 무사히 하산시키고 막차에 타게 해주신 분이 계셨다니….

이날의 지리산 종주는 젊은 나에게 '세상은 내가 위기에 처했을 때 도움을 주고 살려주는 은인(귀인)이 꼭 계시는 곳이구나'라는 생각을 갖게 한 귀중한 체험이었다. '내가 발 딛고 부대끼며 살아가는 이 세상을 어떤 눈으로 바라보며 살 것인가' 하는 세상을 바라보는 나의 관점과 그 세상 속에서 살아가는 존재들의 관계에 대한 인식에 큰 영향을 준 여행이었다.

더 큰 나를 만나고 오는 시간

지금은 16살이 된 큰아들이 초등학교에 입학했을 때, 나는 아들에게 교통카드부터 선물해줬다. 혼자서 버스를 타고 내가 일하는 곳에 다녀가기도 했고, 자신이 원하는 곳에 지하철을 타고 가서 실컷 구경하고 오기도 했다. 아이가 초등학교 2학년 때 일이다. 토요일 오전에 지하철 여행을 하고 싶다며 오후 1시까지는 돌아오겠다며 나갔다. 직감적으로 오늘의 이 경험은 아이에게 큰 자산이 될 것임을 알았다. 기록으로 남기면 좋겠다고 조언을 해주며 작은 수첩과 연필을 가지고 가게 했다. 집안일을 하면서도 아이가 어디로 가서 무엇을 보며 어떤 걸 느끼고 올지 궁금해하며 설렘 속에 오전을 보냈다.

그런데 돌아오겠다는 시간이 되어도 아이가 오지 않자 슬슬 불안감이 들기 시작했다. 1시간을 넘어가니 부정적인 생각이 하나둘 생기기 시작했다. 아이에겐 핸드폰이 없어 연락할 길도 없었는데, 부정적인 생각은 순식간에 꼬리에 꼬리를 물고 생겨났다. 그때 정말 입으로 내뱉거나 어떠한 행동을 하지는 않았지만, 마음속으로 '무사히 잘 돌아올 거야. 중간에 어떤 재미난 일이 생겨 그걸 경험하느라 늦어지는 것일 거야.'라고 믿으며 기도를 많이 했다.

시선은 온통 시곗바늘에 가 있었고, 귀가가 예정보다 1시간 반이 늦어지자 문 열리는 소리에 정말 버선발로 뛰어나가 아이를 껴안았다. "감사합니다. 부처님! 감사합니다! 감사합니다!" 눈앞에 서 있는 아이가 그렇게 크게 보일 수가 없었다. 한 뼘 정도가 아니라 두 뼘 세 뼘은 커 보였다. 아이의 마음도 그만큼 커졌음을 기쁨으로 상기된 아이의 얼굴을 보며 느낄 수 있었다.

공항철도 타고 인천공항까지 가보고 서울역으로 돌아온 후 행신역으로 오는 경의선 타는 곳을 찾지 못해 고생을 많이 했단다. 그래서 시간이 지체되었는데, 예정에 없던 공항철도까지 타보느라 버스카드 충전금액이 부족했다고 한다. 역무원 누나가 모자라는 400원을 빌려주신 덕에 무사히 왔는데, 아이는 빌린 돈을 갚으러 가야 한다는 것이다. 누나가 갚으라고 했는지, 그리고 네가 갚으러 오겠다고 약속했는지 물으니 그건 아니라고 했다. 그렇다면 앞으로 도움이 필요한 누군가에게 누나에게 받은 고마움의 은혜를 갚으면 된다고 말해주었다. 아이는 지금도 역무원 누나가 빌려준 400원을 종종 이야기한다. 자신이 어려움에 처했을 때 도와준 고마움을 잊지 않고 사는 것이다.

꼼꼼하게 열차 시각과 승하차 시각이 적힌 메모를 보니 이 아이에게 내가 물려줄 수 있는 큰 유산을 주었다는 생각에 가슴이 뭉클했다. 내가 여행으로 컸듯이 이 아이에게도 여행의 경험이 큰 유산이 되고 자신의 삶을 살아가는 데 자산이 될 거라는 믿음이 있었다.

그날 나의 SNS에는 아이의 삐뚤빼뚤 연필 글씨 사진과 함께 "나는 너를 믿는다. 오늘, 너의 화려한 외출을 찬탄하며…."라고 적혀 있다. 내게는 보물과도 같은 아이의 연필 기록 사진. 2015년 10월 3일 토요일. 11시 26분 9초에 삼송행 열차 타는 것으로 시작해 1시에 행신역에서 집으로 오는 버스를 탔다는 기록.

이때도 집으로 바로 오는 버스를 타지 않고 환승하는 버스를 탔다. 아이는 평소의 노선이 아닌 새로운 노선으로 집에 와보고 싶었던 거다. 낯선 곳에서 새로운 경험을 하며 아이는 무엇을 느꼈을까? 문을 열고 들어온 아이의 얼굴은 성취감과 자신감으로 가득 차 있었다. 자신의 일생에서 크나큰 경험이 된 그날의 일에 흥분을 감추지 못한 채 쉴 새 없이 조잘거리는 아이의 소리가 내게는 세상 무엇보다 아름답게 들렸다.

'너는 이제 내가 걱정하지도 않아도 되겠구나' 하는 마음까지 들었다.

낯선 이들의 온정으로 가득 채워진 정상근 씨의 여행 노트
어려서부터 이렇게 아이를 낯선 곳에 가서 더 큰 자신을 만나고 오게 할 수 있었던 건, 나의 여행을 통한 가르침도 크지만, 어느 날 TV에서 우연히 보게 된 정상근 씨와 어머니가 계신 덕분이다. 1997년, 14살의 정상근 씨는 세상을 만나기 위해 돈 4만 원을 가지고 일주일간 국토순례여행을 떠났다. 그는 부모님이 건네주신 여행 노트와 편지 한 장을 손에 들고 집을 나섰는데, 그 편지에는 어린 정상근을 만나는 어른들에게 홀로 여행하는 일에 격려와 응원을 부탁하는 부모님의 메시지가 담겨 있었다. 발길 닿는 곳마다 먹여주고 재워주며 버스표도 끊어주어 가져간 용돈을 쓸 일이 거의 없었다고 한다.

여행 노트에 가득한 어른들의 따뜻한 축원은 한 권의 책이 되었고, 소년은 자라서 수많은 나라를 여행하며 세상을 배워나가 《80만 원으로 세계여행》(두리미디어, 2008).이라는 책을 쓰고 인세 전액을 기부하기도 한 멋진 여행가가 되었다. 이후 교육봉사단체 '사람에게 배우는 학교'를 설립해 청소년 진로교육법인의 대표로 활동 중이다.

그는 말한다. 여행은 나를 통해서 나를 알아가는 것이고, 다른 사람의 문화와 생각을 받아들이는 것이라고. 여행은 이렇듯 진정한 자기 자신을 만나고 사람을 통해 세상을 배우며 더 큰 사람으로 성장하는 소중한 시간을 선사한다.

낯선 곳에서 진정한 자기 자신을 만나기 쉬운 이유

익숙한 공간에서는 그곳에서 함께 하는 사람들에 대한 생각이 고정되기 쉬워 제대로 된 만남을 갖기 어렵다. '나는 원래 이래', '저 사람은 원래 저래'라는 식으로 그간 경험한 바에 의해 쉽사리

규정해버린다. 나 자신뿐만 아니라 타인에게도 내 경험치에 의한 내 기준에서 바라보며 늘 똑같이 고정된 존재로 착각하기 쉽다. 그런데 낯선 곳에서는 공간적으로나 관계적으로도 익숙함을 벗고 자신과 타인을 모두 새롭게 만나게 된다. 자기 제한을 두지 않으니 스스로에게도 많은 가능성을 부여한다. 그 덕에 위축된 마음이 펴지고 자신감을 회복하게 된다. '나는 안 돼'가 '난 할 수 있어'로 바뀌고, '할 수 없어'가 '한번 부딪혀보자'로 바뀌는 걸 경험하게 된다. 본래의 마음이 회복되고 진짜 내 마음을 만나는 순간이다.

2시간의 밤거리를 버스 타고 돌아다니다 왔던 고등학교 시절의 나나, 아홉 살에 혼자 공항철도를 타고 우여곡절 끝에 집에 돌아온 큰아이나, 낯선 이들에게 되갚지 못할 친절을 받으며 무사히 하산했던 나의 지리산 종주 여행과 정상근 씨의 세계 일주 등은 모두 나와 다른 이가 그물코처럼 연결되어 서로 다르지 않음을, 다른 이의 마음을 만나러 가는 길에 내 마음을 만나는 길도 있음을 생생한 체험으로 알려주는 것이 아닐까.

하루 3번, 알람에 맞춰
심호흡하고 명상하라

잘된 호흡이 피가 되고 살이 된다

몸의 균형을 유지하는 최적의 방법이 호흡법이다. 몸이 균형을 잃으면 적절한 숨쉬기로 이를 회복할 수 있다. 의사인 앤드루 웨일은 "더 건강한 삶을 위한 조언을 한마디로 줄여 말한다면, 더 잘 호흡하는 방법을 익히는 것이다"라고 했다. 그만큼 잘된 호흡이 우리의 몸과 마음에 보약이 된다는 이야기다.

호흡법은 배터리도 와이파이도 스마트폰도 필요로 하지 않는다. 돈도 들지 않고 시간과 노력도 거의 필요 없다. 언제 어디서든 원하기만 하면 할 수 있다. 이 호흡법은 우리 선조들이 줄곧 실천해왔고, 수십만 년 동안 코와 입술과 폐만으로 완성해온 기술이다.

제대로 된 호흡이란

우리의 목숨은 '호흡지간'에 달렸다. 내뱉는 숨이 호(呼)이고, 들이마시는 숨이 흡(吸)인데, 계속 내뱉기만 해보면 숨이 막혀 죽을 것이다. 반대로 계속 들이마시기만 해보면 역시 숨이 막혀 죽을 것이다.

이렇듯 우리 목숨은 숨 한번 내쉬고 숨 한번 들이마시는 데 달려 있다. 들어갔던 숨이 못 나오면 죽는 거고, 나왔던 숨이 못 들어가면 죽는 것이다. 한 마디로 호흡을 안 하면 그냥 죽는 것이다. 중요한 호흡이 공기처럼 자연스럽게 되고 있으니 우리는 그 소중함을 잊고 산다. 호흡을 '제대로' 하는 시간을 자주 가질수록 우리의 생활도 진실해질 것이다.

호흡법을 훈련함으로써 감정을 참지 못하고 아무 때나 마구 분출해버리는 습관을 개선할 수 있다. 호흡하는 훈련은 어렵지 않다. 올바르게 호흡하는 방법을 알고 연습하면 누구나 가능하다. 직장에서도 가정에서도, 인간관계에서 복병을 마주쳤을 때도 모두 가능하다.

호흡법으로 권하는 수식관(數息觀)은 전통적인 호흡 명상법 중에 하나로, 호흡을 하며 숫자를 세는 관법(觀法)이다. 나고 드는 숨을 세면서 마음을 가라앉히는 관법이다. 흡호라 하지 않고 호흡이라 한다는 걸 명심하자. 언제나 내쉬는 숨[호]이 먼저고 들이마시는 숨[흡]이 나중이다. 내쉬고 들이마시는 한 호흡을 숫자 1로 하고 숫자에 집중한다. 수식관을 할 때는 정좌하고 앉아서 척추를 곧게 펴는 게 중요하다. 허리를 펴고 앉아서 힘을 빼고 한 타임에 7분간 호흡을 하면 좋다.

호흡 습관은 어떤 문제에 맞닥뜨렸을 때만 하는 게 아니라 평상시에 꾸준히 훈련하는 게 중요하다. 핸드폰에 알람 설정을 해두거나 스마트워치를 이용하여 정기적으로 일정한 시간을 정해 훈련해보자. 그러다 보면 빼먹지 않고 수월하게 습관을 형성해갈 수 있다. 한 번 할 때마다 7분 정도 시간을 잰 다음 하자. 타이머를 맞춰놓고 하면 좋다.

횟수는 중요하지 않다

호흡하는 훈련은 우선 처음 시작하는 분의 경우 최소 하루 두 번으로 한다. 아침에 일어나서 한 번, 자기 전에 한 번, 이렇게 두 타임을 해보는데, 천천히 내쉬고 천천히 들이마시는 수식관을 1부터 10까지 해본다. 천천히 내쉬고 천천히 들이마시는 한 호흡을 1, 또 천천히 내쉬고 천천히 들이마시는 호흡을 2, 이렇게 3, 4, 5로 늘려가고 마침내 10까지 숫자를 센다. 하루 두 번이 익숙해지면, 낮에 점심 식사 후에 한 번 더 해서 3번으로 늘려가고, 점점 더 횟수를 늘려간다.

이렇게 습관이 형성되고 나면 하루 3번으로 늘려보자. 스마트폰에 알람을 맞춰두고 아침에 일어나서 출근하기 전에 한 번, 회사에서 점심 식사를 한 후에 한 번, 자기 전에 한 번 이렇게 총 세

번을 권한다.

어디에서, 어떻게 호흡할까

내쉬고 들이마시는 한 호흡을 1로 해서 1부터 10까지 숫자를 세는 수식관은 꼭 특별한 장소에서 해야 하는 건 아니다. 본인이 가장 편안한 장소에서 하면 된다. 집에 있는 사람이라면 집 안에서, 직장인이라면 출퇴근 시간이나 이동 시간에 버스나 지하철에 앉아서 혹은 서서 해도 좋다. 대중교통을 이용하는 시간에 폰을 보는 대신에 호흡하는 습관을 길러보자.

입은 가볍게 다물고 코로 호흡하는 것을 기본으로 한다. 하루 생활 패턴에서 전환점이 되는 순간들이 있다. 아침에 일어날 때, 세수할 때, 밥 먹고 나서, 아니면 출근하기 전에, 대중교통을 탔을 때, 직장에서 의자에 앉았을 때, 점심 먹기 전에, 퇴근할 때 등이 해당하는데, 이 지점들마다 호흡을 하는 것으로 늘려가면 좋다. 열 번 정도 호흡을 천천히 하며 수식관하는 시간들은 마치 일상에 점을 찍는 것과 같다. 그 점이 이어져 선이 되고 선이 모여 면이 되듯이 일과 중에 몇 분씩이라도 자꾸만 그런 점을 늘려 가보자. 혹시라도 호흡하면서 숫자를 세다가 까먹으면 '몇까지 했지?' 기억하려 말고 얼른 1로 돌아와 다시 시작한다.

복장은 평소에 입는 옷 중에서 가장 편안하고 가벼운 옷을 입고 가장 편안한 자세를 취하자. 앉아서 해도 좋고 서서 해도 좋고 누워서 해도 좋다. 다만, 누우면 몸의 안정감과 편안함을 누릴 수는 있지만 집중하기가 어렵다. 얼마 동안 할 것인지 타이머로 미리 시간을 맞춰놓으면, 시간이 얼마나 지났는지 확인하지 않아도 돼서 좋다.

내뱉는 호흡에 집중하자

산책할 때에도 호흡과 연계하면 참 좋다. 산책하는 동안 내뱉는 호흡에 집중하고, 산책하다가 숨이 가쁘면 들이마실 때는 코로 들이마시며, 내뱉을 때는 입을 살짝 벌리고 살살 내뱉는 호흡을 해본다. 들숨보다 내뱉는 날숨이 중요하므로 웬만하면 내뱉을 때는 다 뱉어내고 들이마시는 게 좋다.

공황장애를 앓고 있는 사람의 경우 숨을 자꾸 마시기만 하고 내뱉기를 잘하지 못해서 호흡곤란이 오는 경우가 많다고 한다. 이를 흔히 과호흡이라 부르는데, 이럴 땐 손으로 입을 막아 숨을 들이마시지 못하게 한다고 한다. 그러면 숨이 막혀서 숨을 토해내며 자연스럽게 내뱉게 된다는 것이다. 중요한 대목이다. 반드시 뱉고 나서 마시되, 뱉을 땐 끝까지 다 뱉어내고 마셔야 한다는 것을 잊지 말자.

우리 삶도 이와 같지 않을까? 인풋만 계속되어선 안 된다. 인풋이 있으면 반드시 아웃풋이 있어야만 한다. 베풀 수 있어야 하고 줄줄 알아야 한다. 그것도 기다리기보단 먼저 베풀고 먼저 줄줄 알면 내가 행복하다. 숨이 들고 나듯이, 내 일상생활의 들고 남도 그렇게 자연스럽고 조화로워야 삶도 아름답게 가꿔지는 것 아닐까?

호흡을 느끼며 명상하라

호흡할 때 뭘 떠올리면 좋냐는 질문을 받곤 하는데, 호흡할 땐 아무것도 떠올리지 말고 호흡에만 집중해야 한다. 숫자를 세면서 호흡하더라도 숫자에 집중하는 게 아니라 호흡을 잘 관찰하는 게 중요하다. 호흡할 때는 생각하지 말고 호흡만 느껴보자. 호흡만 느끼면서 이 숨이 어디서 와서 어디로 가는지 관찰해보자. 생각이 일어나면 생각을 쫓아가지 말고 호흡에 집중하며 명상을 해보자. 한 번의 호흡이 기적 아닌가? 호흡에 집중하고 있는 그 자리가 내 생명의 본래 자리다. 호흡을 느끼며 본래의 자리에서 본래의 마음을 만나보자.

복식호흡(수식관)의 효과와 하는 법

복식호흡의 효과

- 복식호흡이란 흉강과 복강 사이에 있는 횡격막을 상하로 움직여 폐에 공기를 들이마셨다 내뱉는 호흡이다. 복식호흡은 흥분을 가라앉히며, 심신의 안정을 찾을 수 있도록 도와준다. 또한 일반 흉식호흡에 비해 칼로리 소모가 많으며, 신진

대사를 활발히 해 체지방을 감소시킨다. 복식호흡 1시간은 자전거 타기 35분, 걷기 25분과 동일한 효과를 내며, 배의 근육을 이용하기 때문에 복부비만에도 도움이 된다.

복식호흡하는 방법

- 자세를 잡는다.
- 눈을 감는다.
- 혀를 윗니 쪽에 붙인다. 호흡하다 보면 침이 고이게 되는데 이렇게 혀를 윗니 쪽에 붙이면 침이 자연스럽게 내려간다. 침이 고이는 걸 생각하거나 의식하면 침이 고여 '꼴깍'을 여러 번 한다.
- 입은 다문 채로 코로 숨을 깊게 들이마신다. 배를 천천히 내밀면서 아랫배가 빵빵하게 부풀도록 숨을 코로 들이마셨다가, 숨을 참고 '하나, 둘, 셋' 하는 동안 정지한다. 숨을 멈추는 시간을 점점 늘려간다.
- 숨을 천천히 내뱉는다. 내쉴 때는 반대로 마치 뱃가죽이 등에 닿는 기분으로 배를 천천히 집어넣는데 조금씩 끊어서 내쉰다. 들이쉴 때보다 약 1초 정도 더 내쉰다.
- 위 과정을 최소 5분에서 10분, 길게는 20분 정도 반복한다.

거울을 보고
나 자신과 대화하기

불이(不二), 남을 못 보는 것은 곧 자신을 못 보는 것

사람을 만날 때 눈을 잘 맞추지 못하고 시선을 회피하는 사람들이 있다. 대화를 하면서도 허공을 보거나 옆을 보며 얘기하다가, 아주 잠시 상대의 눈을 보고는 이내 다시 시선을 다른 곳으로 돌려 얘기하는 사람들 말이다. 아이들 중에도 있고 어른들 중에도 은근히 많다. 사람과 대화를 하는데 상대가 내 시선을 피하면 누구라도 기분 좋을 리가 없다. 물론 시선을 잘 맞추는 사람과 못 맞추고 회피하는 사람이 따로 정해져 있는 건 아니다. 마음 상태에 따라 어떤 때는 잘 맞추고 어떤 때는 피하게 되기도 한다.

남과 눈을 맞추지 못하는 건, 남을 못 보는 게 아니고 실은 자기를 못 보는 것이다. 자신을 마주할 줄 몰라서 남까지도 못 보는 것이다. 한마디로 자기를 만나지 못하고 있다는 증거다.

불교의 핵심 가르침 중에 불이(不二)가 있다. 불이는 '둘이 아니다'라는 뜻이다. 사찰 입구에 양쪽 기둥만 있는 문을 일주문이라고 하고, 일주문을 다른 말로 불이문(不二門)이라고도 부른다. 둘이 아닌 문이라는 뜻인데, 그 의미는 '성스러움과 속됨이 둘이 아니다, 기쁨과 미움이 둘이 아니다, 좋고 싫음이 둘이 아니다, 너와 내가 둘이 아니다.'라는 것이다. 둘이 아니라는 건 '따로가 아니다'라는 뜻이고, 너와 내가 겉모습은 다를지라도 각자의 생명 가치가 절대적으로 평등하는 의미다. 너와 내가 따로인 존재가 아니기에, 너는 곧 '너라는 이름의 나'이고, 나를 비추어주는 거울이며, '너를 본다'는 건 곧 '나를 보는 것'이다. 그러니 시선을 피하면서 너를 안 본다는 건, 결국 나를 안 보는 것이다.

자기를 잘 보게 되면 남도 잘 볼 수 있다

우리가 누군가와 대화를 나눌 때에는 눈을 정확히 맞추면서 바라보는 훈련이 필요하다. 상대방을 보고 있는 거 같지만, 실은 '상대방에 투영된 나'를 보는 것이다. 그래서 자기를 잘 보는 사람이 남도 잘 응시할 수 있다. 그러기 위해서 어떻게 해야 할까?

내가 자주 쓰는 방법은 '거울 보기'다. 자신을 마주하는 힘을 기르는 데에 거울 보기는 아주 큰 효과를 주었다.

예로부터 눈을 '마음의 창'이라 하지 않던가! 거울에 비친 자신의 눈을 잘 응시하다 보면 자신의 마음이 보인다. 눈을 통해 나의 내면과 연결된 진정한 자기를 마주하게 되는 것이다. 내 마음이 지금 어떤 상태인지, 내가 지금 무엇을 원하는지 보인다. '너 지금 힘들구나', '너 지금 이걸 원하고 있구나.' 내 안의 소리가 들리는 것이다. 그렇게 자기를 있는 그대로 만나 자신을 '인정'하게 되면, 그 인정으로부터 자신을 '긍정'하게 된다. 그러다 보면 자신의 존재가치를 귀히 여기고 본래부터 자신에게 내재된 마음의 힘을 느끼는 순간이 온다.

이렇듯 거울 속 자신의 눈을 바라보는 연습을 하다 보면, 자신을 있는 그대로 마주하며 자신을 믿는 힘이 키워진다. 그러면서 자연스레 남과도 눈 맞추고 이야기하는 힘을 기를 수 있다.

눈을 응시하며 내 마음을 만나다

처음에 거울을 보며 그 속에 비친 자신의 모습을 마주하는 게 쉽지는 않다. 사실 자신의 눈을 오래도록 바라보지 못할 수도 있다. 일단 익숙하지 않고, 또 보기 싫고, 불편하고 어색하기 때문이다. 어떤 이는 거울 속 자신을 보다가 울음을 터트리며 바라볼 수도 있다. 그렇듯이 처음엔 어색하겠지만 그걸 참고 자꾸 해보자.

보통 우리가 거울을 보는 경우는 치장하고 꾸밀 때이다. 눈을 보더라도 형체로서의 눈을 보는 거라 '어디가 예쁘네, 미우네', '쌍꺼풀이 있네, 없네', '눈가에 주름이 많네, 적네', 그리고 '눈이 처졌네' 하면서 보는 게 대부분이다. 세수할 때나 화장할 때만 거울을 보지 말고, 내 눈으로 나를 만나고 나 자신을 바라보는 시간으로 만들어보자.

내 눈을 응시한다는 건, 저 내면에 깊숙이 있는 나를 그대로 응시하고 만나는 것이다. 나를 응시하는 것만으로도 마음의 흔들림이 줄어든다. 흔들리는 마음을 단단하게 잡아준다고나 할까? 더 정확하게는 흔들릴 마음이 '없음을 보게' 된다.

현대인들이 안고 있는 여러 가지 심리적 문제 중에 '불안감'의 비중이 매우 크다. 세상이 빨리 바뀌기 때문에 불안한 것 같지만 실은 자기가 누군지 잘 '몰라서' 불안한 거다. 자기가 누군지를 모르니 자신을 믿을 수 없고, 자신을 믿을 수 없으니, 당연히 매사가 불안하다. 세상이 아무리 빠르게 변하더라도 자기를 알고 자기를 믿으면 빠르게 변화되는 가운데서도 '난 나를 알아. 난 나를 믿어! 난 능히 이걸 헤쳐나갈 거야' 하며 불안감에 휘둘리지 않게 된다.

거울을 보는 연습은 내 눈을 통해 내 마음을 만나는 연습이다. 내 마음을 들여다보고, 인정해주며, 어루만져주면서 스스로를 긍정적으로 바라보는 힘을 길러준다. 거울 속 내 눈에 비친 슬픔, 분노, 불안, 걱정 등 내 마음이 그대로 투영된다. 그 마음을 다 인정하고 만나자. 바라봐주기만 해도 나를 긍정하고 믿는 힘이 생긴다. 나 자신의 소중함을 느끼게 되고 자신감이 생긴다. 내가 얼마나 귀한 존재인지, 내 능력이 얼마나 무한하지 느끼게 된다. 그러한 무한한 나를 인지하면서 계속해서 매일 거울 보는 연습을 하다 보면 나 스스로가 나의 지킴이 역할을 하는 것을 느끼게 된다.

발이 허공에 떠서 불안한 것이 아니라 항상 땅에 '딱!' 디디고 있는 '든든한' 느낌을 갖게 되는 것이다. 살아가면서 그것이 얼마나 큰 힘이 되는지 모른다. 이것이 꼭 거울 보기를 강추하고 싶은 이유다.

내면과 연결되어 자신과 대화를 해보자

아침에 일어나 거울을 보고 눈을 맞추며 일단 미소를 지어보자. 그리고 합장을 하고는 오늘 새롭게 태어난 생명임에 감사함을 느끼며 하루를 잘 살겠다는 다짐을 담아 "감사합니다. 부처님! 나무아미타불!" 이렇게 염불을 한다. 요새 유행하는 '긍정확언'의 원리는 다 이와 같다고 본다. 자신이 원하는 바를 스스로에게 일깨워서 그것을 드러내는 것이다. 없는 걸 갖추는 게 아니라 본래 있는 걸 꺼내 쓰는 것이라고 법문을 통해서도 배워왔다.

그러니 거울을 보며 자신이 듣고 싶은 말을 스스로에게 해보자. 사랑받고 싶다면, "사랑해 ○○야", 자신감이 필요하다면, "넌 할 수 있어!", 걱정되는 일이 있다면 "걱정마, 다 잘될 거야", 존중받고 싶다면, "넌 참 소중한 존재야. 넌 무한능력자야", 자신의 향상을 바란다면, "너를 한정 짓지 마, 너에겐 무한한 가능성이 있어"라고 말해보자. 자신의 눈을 보며 자신의 마음을 향해 이렇게 이야기를 들려주다 보면 자신이 가장 먼저 그 소리를 듣고는 그 말처럼 스스로를 변화시켜가게 될 것이다. 변화의 힘은 외부에서 얻어오는 것이 아니라 이미 내 안에 스스로가 갖고 있다. 우리는 그걸 꺼내 쓰면 되는 것이다.

상대의 눈 속에 내 허물이 비치다

수련회 프로그램으로 서로 눈을 떼지 않고 마주 보는 것을 몇 년 연속 체험했던 적이 있었다. 마주한 상대가 달라져도 그 사람의 눈을 바라보고 있다 보면 눈물이 고였던 공통된 경험이 있는데, 20여 년이 흘렀어도 그때 그 순간의 느낌이 아직도 떠오른다. 왜일까? 그 순간 상대의 눈을 통해 오롯이 나 자신을 만났기 때문이다. 나의 내면을 고요히 깊이 있게 관조했던 그 순간을 기억하고 있는 것이다.

어떤 해에는 공교롭게도 불편한 감정이 있는 이와 눈을 마주하며 프로그램에 참여한 적이 있다. 상대의 눈을 바라보는 동안 내 마음이 보이면서 나의 허물을 마주하게 되고 서운함이나 원망스러웠던 마음이 상대방을 이해하는 쪽으로 바뀌었다. 눈을 지그시 바라보고 있는 것만으로도 불편한 감정은 참회의 눈물로 정화될 수 있다는 걸 배운 소중한 경험이었다.

마리나 프로젝트

2010년 '행위예술의 대모'로 불리는 마리나 아브라모비치는 뉴

욕 현대미술관(MoMA)에서 '마리나의 프로젝트'를 열었다. 프로젝트의 핵심은 상대의 눈을 바라보는 퍼포먼스였다. 마리나는 하루에 7시간씩, 밥도 안 먹고 화장실도 가지 않은 채 꼬박 자리에 앉아 테이블 맞은편에 앉은 관객과 1분 동안 눈을 마주쳤다. 공연의 규칙은 서로 바라보기만 할 뿐 말을 하거나 손을 잡아서는 안 되었다. 무려 석 달 동안, 매일 7시간씩 총 736시간 30분 진행된 이 퍼포먼스에는 매일 7천 명이 다녀갔고, 레이디 가가, 샤론 스톤 등 많은 유명인들이 참석하며 화제를 모았다. 퍼포먼스에 참여한 관객 가운데는 마리나를 바라보며 우는 사람이 있는가 하면 화난 표정을 짓는 사람 등 각양각색의 표정과 감정의 물결이 흘러넘쳤다.

그러던 어느 날, 마리나에게 예상 밖의 관객이 찾아온다. 바로 과거 연인이자 세계적인 행위예술가인 울라이였다. 12년간 연인 사이였던 이들은 많은 퍼포먼스들로 화제를 모았는데, 이별조차도 거대한 퍼포먼스로 진행하였다. 한 사람은 고비사막에서, 한 사람은 황해에서 출발해 각각 2,500킬로미터를 90일간 걸어와 중간 지점인 만리장성에서 만나 마침내 이별을 고하며 헤어졌다.

그로부터 20여 년이 흐른 2010년, 마리나가 눈을 감고 다음 관객을 기다리고 있을 때 바로 맞은편에 울라이가 모습을 드러냈다. 울라이의 등장에 관객들은 모두 숨죽이며 둘을 지켜봤다. 맞은편 의자에 앉은 옛 연인이자 동료인 울라이를 보자마자 마리나는 규칙을 깨고 맞은편에 앉은 옛 연인의 손을 맞잡고 눈물을 흘린다. 울라이의 눈에도 눈물이 고이고 관객들의 눈가도 촉촉했다. 그러나 재회의 순간은 1분이 지나자 울라이가 아무 말 없이 일어나면서 끝나고 말았다. 그 짧은 시간에 두 사람은 눈 맞춤만으로 서로의 마음을 읽으며 깊은 교감을 나눈 듯했다. 이 장면을 나는 여러 번 보았고 볼 적마다 눈물을 흘렸다. 상대방의 눈을 본다는 것은 마음을 나누는 일임을 전해주는 명장면으로 내게는 이 퍼포먼스가 아주 인상 깊게 남아 있다.

나를 제대로 만나면 상대도 제대로 만날 수 있다. 이 말은, 나 자신을 제대로 만날 수 없는 사람은 어느 이해심 깊은 상대를 만나더라도 그를 제대로 만나지 못한다는 말과 같다.

거울을 보며 자신을 응시해보자. 응시하면서 흔들릴 것조차 없는 우리의 본래 마음을 알아가고, 그 마음에다 삶의 뿌리를 튼튼히 내려보자.

나는 '내가'
책임진다

나를 볼 것인가, 남을 볼 것인가

'내 삶의 주인이 나'라고 생각하며 사는 삶은, 최소한 남 탓하며 괴롭지는 않을 수 있다. 남 탓으로 인한 괴로움이 은근히 힘들고 소모적이란 거, 해본 사람은 알 것이다. 추진하던 일이 잘 안 되거나 업무가 꼬일 때, 혹은 누군가와 의견대립으로 감정이 상하거나 다퉜을 때, 그것의 원인을 내 쪽으로 생각할 것인가 외부, 즉 다른 사람이나 환경, 상황 탓으로 돌릴 것인가는 사람마다 다르다. 전적으로 개인의 몫이어서, 그 사람의 사고방식과 가치관, 인생관에 따라 다르다. '나를 볼 것인가, 남을 볼 것인가?' '나를 돌아볼 것인가, 남 탓을 할 것인가?' 어떤 선택을 하느냐에 따라 개인의 성장과 삶의 만족도도 달라질 것이다.

자기도 모르는 새에 아내를 괴롭히는 남편

어느 날 H가 찾아와 남편 때문에 너무 힘들다고 하소연해왔다.

"제 남편은 뭐든지 남 탓을 해요. 어릴 때부터 시어머니께서 알아서 다 해주셔서 자기 스스로 뭔가를 한 적이 없었대요. 자기가 부주의해서 그릇을 깨 놓고는 그 그릇을 거기에 놓은 저보고 잘못이라고 비난하는 경우도 많아요. 직장 얘기할 때도 전부 다른 사람들 탓만 해요. 자기 잘못 얘기는 하나도 없고, 뭐든 남의 탓으로 돌려요. 저한테라도 털어놓아야 할 테니 얘기를 들어주긴 하지만, 기본적으로 남 탓을 하니 얘기 듣다가 자꾸 싸우게 돼요. 저는 주로 저를 돌아보는 쪽인데, 남편은 자기를 보는 건 없고 남들이 전부 문제에요."

이 말을 전하는 H의 표정은 '세상 고민을 다 짊어진 사람처럼 공허했다. H의 남편이 H를 괴롭히려고 그러는 것은 아닐 테지만, 자기도 모르게 자기 아내를 세상에서 가장 힘들고 괴롭고 또 지치게 만드는 사람이 바로 남편인 자신이라는 것을, 과연 H의 남편은 짐작이나 할까 하는 의문이 들었다. 그런데 의외로 H나 H의 남편 같은 사람, 우리 주변에서 흔히 만날 수 있지 않나?

○○ 때문에 안 됐다.

○○가 유튜브에서 집 사지 말라고 해서 안 샀는데 그때 샀어야 했다.

○○가 어떤 주식이 좋다고 해서 샀는데 ○○ 때문에 망했다.

'난 잘못없다'는 식으로 실패를 다른 사람의 탓으로 돌리는 게 아주 몸에 밴 사람들이 있다.

남 탓을 하고 나면 당장에 내 마음이 편할 순 있다. 그러나 나에게 발전이란 눈곱만큼도 없게 된다. 잘한 건 자기가 잘나서 그런 거고, 안 된 거는 자기를 제외한 상대방에게 화살을 돌린다.

내가 가난한 것도 부모 탓

그런가 하면, 남을 탓하기조차 부담스러워 가장 가깝고 '만만한' 부모에게 모든 탓을 돌리는 사람도 많다. '경제적인' 부분에서 부모에게 많은 탓을 하는 이들을 심심치 않게 보게 된다.

S는 대학에서 경제학을 전공했다. 어려운 살림에도 불구하고 그의 부모님은 아들을 대학까지 뒷바라지 해주었다. 그런데 S는 성실하게 직장생활을 하기보다는 늘 일확천금을 노리며 쉽고 빠르게 돈 벌기를 바라왔다.

돈에 대한 탐욕에 비해 몸을 움직이거나 정당한 노동의 대가로 부를 축적하는 것에는 게을렀던 S! 그의 곁엔 늘 사기꾼이 꼬였다. 귀가 얇고, 욕심 많고, 어리석어서 적지 않은 돈을 여러 차례 사기를 당하고 빚을 졌는데, 그를 꾸짖는 부모에게 그는 되려, '엄마 아버지께서 저한테 경제 교육을 제대로 시켜주지 않아서 그렇잖아요.'라며 원망하고 있었다.

기껏 대학공부 시켜놨더니 부모가 경제 교육을 안 시켜줘서 자신이 사기를 당했다는 소릴 듣는다면 그 부모의 입장에서는 정말 이지 기가 찰 노릇 아니겠는가! 그것도 경제학 전공자가!!!

남 탓하고 험담하는 사람의 심리

상대방이 잘한 건 운이 좋아 그런 거고, 말끝마다 상대방의 단점을 부각하여 떨어뜨려야만 속이 시원한 사람도 있다. 남 탓하기 좋아하고, 남을 깎아내리기 좋아하는 사람들의 심리는 모두 낮은 자존감과 열등감의 표현이다. 다른 사람들에게 원인을 떠넘기면 자신은 책임져야 할 게 없기 때문에 잘못을 타인에게 돌리는 것이다. 문제를 안고 있는 게 바로 자기 자신이라는 사실을 숨기기 위한 일종의 방어기제라고 볼 수 있다.

그런데 내가 강조하고 싶은 건 따로 있다. 남 탓을 하면 자신은 피해자가 된다. 그래서 남 탓이 습관이 되어버리면 어느덧 무기력증과 우울감이 커지고 인생이 불행하게 느껴진다는 사실이다. 게다가 실수를 인정하면 남이 나를 우습게 볼까 봐 인정을 잘 못하는데, 그건 착각이다. 오히려 깔끔하게 실수를 인정하는 태도가 배우고 발전하려는 의지를 보여주기 때문에 신뢰도를 높여준다. 나이와 직위를 막론하고 자신의 실수는 그때그때 인정하고 배우는 자세를 갖도록 하자.

나는 내 인생의 책임자

남 탓을 하면 같은 상황에서 이전의 실수를 되풀이하므로 발전이 없다. 자신의 미흡함과 허물을 인정하고 노력하며 정진해야만 성장과 발전이 있다. 사기를 당하고도 사기꾼만 탓한 채, 상식에 어긋나는 커다란 이익 앞에 눈과 귀가 멀었던 자신의 탐욕과 어리석음을 돌아보지 못한다면 다음에도 사기당첨 예약이다. 내가 주인된 삶을 살고 싶다면 스스로 생각하고 스스로 선택하며 그 선택에 대한 책임을 본인이 져야 한다. 그러니 매 순간 자신이 감당할 수 있는 선택을 해야 하는 것이다.

나라 탓, 부모 탓, 배우자 탓, 자식 탓, 시대 탓, 탓탓탓…. 탓을 하다 보면 그 끝은 현실 회피와 나 자신에 대한 외면이다. 우리는 자신을 돌아보기 싫어서 자꾸 남탓을 한다. 자신이 자기 삶의 원인자이자 책임자라는 진실을 감당할 자신이 없는 거다. 왜냐하면 자신이 누군지 '모르기' 때문이다. 우리는 때때로 자신이 못나고 부족한 존재라는 생각에 빠지지만, 이것은 '나의 착각'이다. 우리는 매우 소중한 존재이고 무한한 가능성을 지닌 존재다. 이것을 스스로에게 반복해서 들려주자. "나는 소중한 존재이고 무한한 가능성을 지녔다."라고. 그러고 나면, '내 앞에 벌어지는 그 어떤 일에도 내가 뿌린 씨앗의 결과이니 마땅히 내가 거두어야겠구나' 하는 능동적이고 적극적인 마음으로 능히 그것을 마주하고 헤쳐나갈 용기가 생긴다. 용기가 생기면 그에 걸맞은 능력도 따라

옴을 경험하게 된다. 내 마음을 만나러 가는 길은 다른 데 있지 않다. 지금 내게 다가온 인연들, 내 앞에 벌어진 일들, 지금의 내 모습이 곧 내가 살아온 원인이자 책임의 결과라는 사실을 놓치지 말자. 나는 내 삶의 원인이자 책임자다.

4장

세상과 관계를
회복하고 마음을
나누는 방법

안 통하는 걸까
싫어하는 걸까

너랑은 말이 안 통해!

사람들과 대화를 할 때 '너랑은 말이 안 통해'라는 말을 한 번쯤은 해봤거나 들어봤을 것이다. '말이 안 통한다'는 말은 과연 무슨 뜻일까? 상대가 정말 말귀를 못 알아듣고 이해를 못 해서일 수도 있고, 내 말대로 따르지 않아서 그럴 수도 있다. 서로 코드가 맞지 않아 공감의 접점이 없어서일 수도 있고, 소통이 안 되어서일 수도 있다. 묻는 말에 매번 엉뚱한 대답을 해서 그럴 수도 있고, 그때그때 다를 것이다. 상대가 무슨 말을 하면 그 말은 안 듣고, 자기 입장에서 자기가 하고 싶은 말만 하는 사람은 당연히 잘 알아듣지 못한다.

같은 언어를 쓰는데도 말이 안 통하는 근본적인 이유는 서로의 말을 이해하려는 마음 자체가 없기 때문일 것이다. 첫사랑에 빠졌던 순간을 떠올려보자. 우리는 그 상대가 이상한 옷을 입고 나와도, 묻는 말에 다소 엉뚱한 대답을 할지라도 사랑스럽기만 하고 그 사람과 있는 시간이 너무나 소중했다. 결국, 말이 안 통한다는 말은 '나는 내 눈앞에 있는 당신이 마음에 안 들어'라는 말의 다른 표현이 아닐까?

공감대의 차이

상대에게서 뜻하지 않게 말이 안 통한다는 말을 듣고 대화 잘하는 스킬을 찾아보거나 대화법에 관한 책을 찾아본 일은 없는가? 사실 말이 안 통하고 대화가 되지 않는 이유는 스킬이 부족해서가 아니라 공감대가 다르기 때문이다. 공감대가 다른 원인에는 나이 차이도 있고, 남녀의 차이도 있고, 자라 온 환경의 차이나 성향의 차이도 있을 것이다. 어떤 사람은 함께 밥이나 커피를 마시고 수다를 떨면서 스트레스를 푸는 사람이 있는가 하면, 어떤 사람은 빨래나 청소로 스트레스를 푸는 사람이 있듯이 말이다. 여러 원인으로 사람마다 공감대가 다 다른데 내 것만을 우기거나 내 생각을 주입하는 것은 많은 갈등을 낳고 위험하다. 특히 부모, 자식 간의 갈등은 세대 차이라느니 성격 차이라느니 하지만, 실은 공감대의 차이다.

말이 안 통하는 게 아니라 '삶'이 안 통하는 것

평소 반듯하고 자기 일에 성실한 청년 J군이 아버지와의 대화에 어려움을 겪는다는 얘기를 했다. 정해진 패턴대로 규칙적으로 생활하며 근면 성실한 아버지로 인해 스트레스를 받고 있었다. 정확한 기상과 정확한 취침을 하는 아버지에게는 늦게 일어나는 일도 늦게 잠드는 일도 없다. 하루 세끼 식사시간 엄수는 물론, 저녁 7시 이후엔 먹지 않는다. 시간 낭비를 악으로 여겨 집안에서 빈둥거리거리는 자식의 모습을 결코 허용하지 않는다. 하기로 마음먹은 일은 미루는 일도 없어서 아버지는 아들이 사는 방식이 도저히 이해되지 않는다.

학원 하나 없는 시골에서 오로지 근면과 성실, 땀과 노력으로 공부하고 고군분투하며 맨주먹에서 무언가를 이뤄온 아버지는 이미 많은 걸 갖고 태어나서 많은 걸 누리고도 전력질주하지 않는 자식이 안타깝다. 배가 불러서 근성이 부족하고, 유약하고 게으르며 자기관리를 철저히 하지 않는 거로 보이니 아들과 좋은 대화가 이뤄질 리 만무하다.

부모님 세대는 일단 먹고사는 것부터가 어려웠기 때문에 생존을 위해서도 근면, 성실하게 일하셨다. 그러나 지금 세대는 연봉보다는 복지와 워라밸을, '피, 땀, 눈물' 보다는 삶의 여유를 추구한다. 말이 안 통하는 것이 아니라 삶이 안 통하는 것이다.

정신적인 이혼

이처럼 삶이 안 통하는 것이 세대 간의 문제일까? 공감이 차단된 듯한 이런 일은, 비슷한 세대, 하다못해 또래끼리도 흔하디 흔한 일이다. 세대가 비슷한 데다, 사랑까지 해서 결혼했는데, 서로 통하지 않아 괴로운 이들이 있다. 가까울 때는 세상 그 누구보다도 가깝다가도 멀어지자면 안드로메다 성운처럼 먼 사이가 되는 '부부' 사이가 그렇다.

부부 사이가 갈라지는 이유는 천차만별이고, 다양하다. 가장 대표적인 것이 대화의 단절, 정서적 교류의 단절일 것이다. 이른바 '성격 차이'라고 뭉뚱그려 표현되는 '이혼 사유 1위'의 원인이 그것이다.

그러나 서로 바쁜 나머지 대화시간이 부족한 것도 문제지만, 대화하고 싶은 마음이 아예 없어지는 게 더 큰 문제다. 어떤 경우, 통보식으로 전달하는 것을 두고 '대화'를 했다고 착각하기도 하는데, 이는 대화가 아예 없는 것만큼이나 큰 문제다.

'얘기해봤자 뭐해? 내 입만 아프지. 말도 안 통하는데….'

남편이나 아내랑 말이 안 통한다고 생각되면 입을 닫아버리게 되지만, 자신이 무시당한다는 느낌을 받게 되면 마음을 닫아버리게 된다. 자기 기준에서 대화하면서 상대를 과소평가하거나, 지금까지 해온 상대의 공을 인정하지 못하고 무시하면 더 닫아버리게 된다.

부부간에는 잠자리가 없어지는 것도 문제지만 대화가 없어지는 것도 심각한 문제라고 본다. 대화 없는 부부를 두고 '정신적으로 이혼한 상태'라고 부르는데, 이런 이들의 경우 서로를 투명인간처럼 대하고 산다. 무늬만 부부이지, 남들보다 못한 사이가 되는 것이다. 말이 안 통하는 상황이 반복되고, 감정싸움이 몸싸움되고, 그러면서 부부간에 골이 깊어지는데 이럴 때 스스로에게 물어보자.

내 생각이나 내 입장만 고수하진 않았는가?

상대방의 이야기를 들으려는 노력이 부족하진 않았는가?

내가 옳다는 아집이 강하진 않았는가?

관계를 회복하는 신호탄을 쏘아 올리자

부부든 친구든, 심지어 부모와 자식 간일지라도 사람 사이에 존중감을 잃으면 누구나 입을 굳게 닫고 말을 걸지 않게 된다. 부부 사이라면, 먼저 손 내미는 배우자가 있으면 다행인데, 둘 다 고집이 세고 굽히지 못하는 성격이라면 중재자를 찾아보자.

'네가 먼저 말 걸 때까진 나도 안 할 거야!'

'난 잘못한 게 없으니 절대 안 해!'

이러한 감정싸움은 백해무익이다. 부모의 모습을 보고 고스란히 배울 아이들을 떠올려보자. 대화 없는 부부 정말 위험하다. 감정 소모는 그만두고 이제 서로를 향해 마음을 나누고 열어야 한다.

간단명료한 방법을 제안한다.

첫째, 나 자신의 감정에 좀 더 솔직해지자. 우리는 말이 안 통한다고 느끼는 게 아니라, 상대방이 싫은 것이다. 나를 존중해주지 않고, 내 의견에 귀 기울여주지 않고, 내 말을 들어주지 않는 상대가 싫은 거다. 인간관계에서 통하지 않고 막혀있다고 느껴질 때 '나'를 먼저 보자. 나를 인정해주지 않고 나를 사랑해주지 않는 너를 미워하고 원망하며 나 스스로가 불통 상태인 건 아닌지.

모든 생명은 본디 다 통하게 되어 있다. 그런데 통하지 않고 막혀있다면 내가 불통의 원인이다. 나를 앞세우며 내 생각이 맞다고 우기는 내가 원인이다. 이렇게 마음먹을 때 내가 얻을 수 있는 효과는 매우 크다. 상대에게 원인이 있다고 생각할 때는 상대가 바뀌지 않는 한 그 관계를 회복할 길이 요원하기만 한데, 나 자신이 불통의 원인이라고 생각할 때는 관계 회복의 키를 내가 쥐게 된다. 이는 마음만 먹으면 누구하고라도 말이 다 통하는 사람이 될 수 있다는 의미다. 내가 마음을 바꾸고 내가 먼저 소통의 손을 내밀 때 상대도 조금씩 내 쪽으로 방향을 트는 것을 느끼게 될 것이다. 관계가 힘들 때는 제일 먼저 나에게로 돌아와 나를 먼저 보자. 나의 마음이 향하는 곳, 나의 마음이 가리키는 관계의 의미를 알게 될 것이다. 그리고 그 자리가 곧 상대와 더 나아가 세상과 관계를 회복하는 첫걸음이 되어줄 것이다.

나에게 기회를 주고
책임도 내가 진다

하멜른 마을의 아이들은 왜 사라졌을까

예전에 고등학생들 사이에서 '노스페이스 패딩'이 엄청 유행해서 부모들의 등골을 빼먹는다고 '등골브레이커'라고 불린 적이 있었다. 몇 년 전 평창올림픽 때도 '평창 롱패딩'을 입은 아이돌 그룹이 매스컴에 나오면서 사람들이 교복처럼 롱패딩을 사 입고, 한정판매를 구입하려고 백화점 앞에서 밤새워 기다리는 풍경이 연출되었다.

나는 이런 기사를 접할 때마다 하멜른의 《피리 부는 사나이》 동화가 떠오른다. 중세시대에 독일의 하멜른에는 쥐 떼가 극성을 부리고 있었다. 마을 사람들이 쥐 떼들로 골머리를 앓자 한 사나이가 마법 피리로 쥐들을 모두 없애줄 테니 금화 1,000냥을 달라고 요구했다. 마을 사람들은 그러마 하고 구두로 약속했고, 사나이는 피리를 불어 쥐 떼들을 모두 강물에 빠뜨려 마을을 깨끗하게 해주었다. 그런데 이후 마을 사람들은 1,000냥 약속을 어겼고, 이에 화가 난 사나이는 마을 사람들에게 "피리 소리를 들은 모든 아이들이 나를 따라올 거다."라고 말했고, 아이들은 사나이를 따라 진짜 마을에서 사라져 돌아오지 않았다.

물론 이 동화에서 말하고자 하는 주제는 신의와 약속 같은 것이겠지만, 나는 이 이야기에서 목적도 모르고 의도도 모른 채 군중심리에 따라 행동하는 사람들의 마음이 떠오른다.

무언가를 할 때 덩달아 따라 하고, 그렇게 못하면 불안해하는 마음 상태를 두고 '밴드왜건 효과', 즉 '편승 효과'라고 한다. 미국의 서부 개척시대에 금광을 캐러 가는 사람들은 금 캐러 가는 이들을 모으기 위해 곡예단이나 악단을 맨 앞줄에 세워놓고 행진을 벌였는데, 밴드왜건(악대 마차)이 앞장서 요란한 음악을 연주하면 사람들이 무슨 일이 있나 궁금해서 모여들기 시작했다는 데서 유래한 말이다.

나는 결혼이 늦었지만 전혀 걱정하지 않았다

나는 결혼이 늦은 편에 속한다. 70년대 초 베이붐 시대에 태어나 초등학교 입학 때도 사상 최고, 대학입시 때도 사상 최고. 일단 수적으로 많으니 뭐든 경쟁이 치열했다. 친구들은 대부분 다 결혼하고 학부형이 되어가는데 나의 결혼은 늦어지고 있었다. 엄마의 성화로 28살 때 첫선을 보고 몇 번 더 봤지만, 그다음 해부터는 선을 보지 않았다. 결혼을 안 하겠다는 것도 아니고, 행복하기 위해 하는 것이니, 결혼을 해서 행복할 사람과 하고 싶었다. 하라니까 하는 결혼은 내 경우엔 해당되지 않았다.

주변에선 성화가 많으셨지만, 나는 꿋꿋했다. 언제 하느냐가 중요한 게 아니고 누구와 하느냐가 중요했기 때문에 결혼해서 행복할 것 같은 사람을 만날 때까지 나는 그저 인연을 기다렸다. 남들이 흔히 말하듯이 '나이가 찼다고 해서 결혼을 해야 된다'고 생각한 적이 단 한 번도 없었다. 비혼주의는 아니었기 때문에 '때가 되면 내가 기다리고 있는 배필이 나타날 것'이라는 믿는 구석이 있었다. 근자감이라고 하나? 근거 없는 자신감처럼 그저 항상 그런 마음이 있었다. 내가 원하는, 내게 꼭 맞는 나의 짝이랑 결혼해서 잘 살 거라는 믿음이 늘 있었다. 그래서인지 결혼에 대한 걱정스러운 말이나 생각을 한 번도 해본 적이 없었다.

역시나 그런 믿음은 현실이 되어 결혼해서도 행복할 것 같은 임자를 만났다. 늦은 나이였기에 양가 부모님들은 서로가 서로를 구제해주는 은인처럼 고마워하셨고 그렇게 축복 속에 결혼하였다. 의견대립도 없고 감정 상함도 없이 그저 물 흐르듯 순조롭게 편안하고 좋은 마음 속에서 결혼을 하였다. 그게 참 감사하다.

이처럼 나는 어떤 일을 선택할 때 대부분 두 가지를 묻는다. 첫째는 '내가 원하는지?'이고, 둘째는 '안 하면 후회할지?'이다. 지금 이걸 안 해서 나중에 후회할 것 같으면 '하는 쪽'을 선택한다. 남들이 어떻게 보든, 남들이 뭐라 하든, 남에게 결정권을 주지 않고 나에게 결정권을 준다. 내 인생의 주인은 나이기 때문에 나의 결혼도 내가 주권을 가져야 한다고 나는 굳게 믿고 그렇게 행동했다.

우리는 왜 비슷비슷하게 살아야 안심할까

'요즘 이게 유행한다는데….', '요즘 여긴 다 가본다는데….' 남들이 가는 그곳을 안 다녀와 보면 마치 잘 사는 게 아닌 것 같아서, 나도 이 정도 수준은 된다는 걸 보여주기 위해서 남이 갔다 온 곳은 나도 꼭 갔다 와보고, 남이 먹어본 곳은 나도 꼭 먹어보고, 남이 산 건 나도 꼭 산다면 이건 좀 아니지 않나? 남들이 하니까, 남들이 좋다니까 남들 따라 하는 건 남의 기준이다.

맛집에 줄 서는 것도 그런 심리가 깔려있다. 물론 그 맛이 궁금해서 먹고 싶은 이유가 물론 크겠지만, '나는 남들만큼 살고 있다'는 안심감을 얻기 위함도 조금은 있지 않을까? 속초중앙시장에 있는 만석닭강정은 늘 긴 줄이 서 있는데 실은 그 옆집 형제닭강정도 참 맛있다. 그런데 만석닭강정만 줄을 길게 서 있다. 긴 줄에 섰다고 무조건 남 따라 한 건 아닐 수 있다. 긴 줄 속에 있는 게 마치 유행 따라 서 있는 것으로 보일지 모르지만, 그 알맹이가 나에게 초점 맞춰서 선택한 거면 상관없다. 그러나 정말로 내가 원하는지, 혹은 내가 지금 그걸 할 수준이 되는지 여건은 보지 않고, 남들 하니까 따라 한 거라면 문제가 있다.

남들과 나는 다른 거다. 남에게 좋은 게 꼭 내게도 좋으리란 법이 없다. 남이 좋아한다고 나도 좋아할 리는 없다. 왜냐면 살아온 배경과 환경이 다르고 살아온 내력이 다른데, 어떻게 기준이나 취향이 같을 수가 있겠는가?

책도 따라서 사고, 영화도 따라서 보고, 옷도 따라서 사고, 밥도 따라서 먹고, 결혼도 따라서 하고…. 남 하는 거 쫓아서 살다가 남 죽을 때 따라 죽을 건가? 아니지 않은가? 남들이 하니까, 남들이 좋다니까 사는 인생은 남의 인생이다. 내 인생이 아니다. '남들이 좋다는 거 안 하면 이상한 사람으로 보일까 봐, 남들이 하는 거 안 하면 뒤처지는 거로 보일까 봐, 왕따 당할까 봐, 무시당할까 봐….' 하는 두려움이 도사리고 있는 거다. 가령 어떤 옷 스타일이 유행한다고 치자. 그게 좋고 정말 내 맘에 들어서, 그 스타일이 내 맘에 쏙 들어서, 그런 방식으로 나를 표현하고 싶어서 선택하면 상관이 없다. 아주 나이스다. 공감대가 형성되고 흐름을 같이 하는 거니까, 그 주인은 나니까!

그런데 만약 '남들이 하니까, 남들이 하는 거 따라 하지 않으면 안 될 거 같아서'라는 생각이 밑변에 있다면 남 좇아가는 인생이지 내가 주인 된 인생은 아닌 거다. 남의 인생을 사는 거다.

행복지수가 세계 최하위인 이유

한국인의 행복지수는 146개국 중 59위로 2022년에도 중하위

권에 머물렀다. 연구결과에 의하면 한국인들은 행복의 조건 기준치를 높게 설정해 놓고 스스로 불행하다고 느껴 행복지수가 낮다고 한다. 어느 정도 되어야 행복을 느끼냐면, 아파트 평수는 최소 33평으로 수도권의 자가여야 하고, 아이들은 인서울 대학에 다녀야 한다는 식이다. 실제 15퍼센트 정도의 사람만 누리는 조건을 평균치로 설정해 놓고 본인이 거기에 충족이 안 되니까 불안해하면서 행복하지 못하다고 느끼며 갈등지수도 높다고 한다. 이게 다 누구 기준이냐 하면 자기 기준이 아니라 남의 기준이다. 기준점을 나에게 맞추어야 한다. 남에게 맞출 게 아니라….

내가 나에게 묻자

부모님이 나 낳으실 제 내 인생 살기 바라셨지, 남의 인생 살라고 힘들게 잉태하고 낳아서 키우셨을까? 전혀 그렇지 않다. 분명 내 인생 살기 바라셨을 거다. 내 인생의 주인은 나다. 제발 남의 인생 살지 말고 내 인생 살다 가자.

내 인생의 주도권은 내가 갖는다는 의미는 내게 오는 기회도 내가 선택하고 도전도 나 자신이 하자는 의미다. 무엇이든 남의 눈치 보지 말고 나 자신에게 제일 먼저 묻자. '너는 지금 이걸 원하니? 혹은 원하지 않니?'라고. 내가 나에게 묻자. 다른 사람한테 물을 거 없다. 내가 나에게 우선 물어봐야 한다. '지금 이걸 하지 않는다면 후회할 거 같니?'도 반드시 묻자. 아쉬움을 남기지 않도록 나에게 결정권을 주자.

선택도 내 몫, 책임도 내 몫

기회도 나에게 주지만 그에 따른 책임 또한 내가 지는 것이다. 선택에 따라 어떤 결과가 펼쳐져도 그 몫은 다 내 것으로 받아들이고 인정하자. 내가 주도권을 갖고 하지만 그 결과에는 순응한다. 거기엔 내 방식은 없다. 최선을 다해 전력투구하되 거기에 나는 없는 거다. 전력투구하되 전력투구한 내가 없다. 나는 고정된 실체가 아니라 '그물코 하나를 끌어 올리면 다 딸려오듯이 연하여 일어나는 연기적 존재'이기 때문이다. 내가 하는 바가 없는 삶이 무위(無爲)의 삶이다.

다름을 인정하면
지옥을 겪지 않는다

교만심이 내 마음의 지옥문을 연다

모두 다를 수밖에 없는데 나의 습관과 같기를 원하는 데서 늘 시비가 발생한다. 나의 기준과 익숙함으로 사람을 대하니 갈등은 어쩌면 당연한 건지도 모른다.

나는 예전에 사회적·도덕적 규범 속에 사람을 가두는 경향이 심해서 초등학교에서 배운 질서의식에 위배되면 아주 민감해지곤 했다. 엘리베이터나 지하철에서는 내리는 사람이 먼저고 타는 사람은 나중, 쓰레기는 반드시 휴지통에, 거리에 침 뱉기나 담배꽁초 버리기는 절대 금물. 연락처도 없이 주차장 입구를 막은 차를 만나기라도 하는 날엔 '아, 뭐 이런 게 다 있어, 귀신은 뭐하나 이런 애들 안 잡아가고'라며 속이 부글부글 끓었다. 한 5분 씩씩거리고 나서야 비로소 '내가 지금 왜 이러지?' 하며 정신을 차리곤 했다. 벌어질 만했으니 벌어진 현상이고, 현상이란 것은 말 그대로 겉모습에 불과할 뿐, 참으로 있는 게 아닌데도 잘잘못을 따지고 화내며 5분간의 지옥에서 벗어나질 못했었다.

'이러면 안 된다, 저러면 안 된다' 하는 것들은 행복하게 살자는 취지에서 만든 시대에 맞는 하나의 기준에 불과하고, 기준이 지켜지지 않아도 생명은 여전히 존귀하다. 그런데 나는 행동을 나무라는 것을 넘어 인간 자체를 무시해버리곤 했다. 생명이 먼저가 아니라 규범이 먼저였던 것이다. 행동이 잘못되었음을 밝혀내는 밑변에는 '난 적어도 너 같은 행동은 안 한다', '난 그러한 행동을 하지 않는 올바른 인간이다', '내가 맞고 넌 틀렸어'라는 도덕적 우월감의 교만심이 자리하고 있었다. 도저히 납득하기 어려운 상황의 사람을 만나는 건 내 잣대가 먼저이기 때문이지 결코 그 사람이 잘못되어서가 아니다. 나는 틀리다고 지적하는 저쪽의 행동이 정작 저쪽에게는 하늘이 두 쪽 나도 잘못한 게 없는 행동일 수 있다. 그걸 인정할 수 있을 때 우리는 마음의 평화를 얻을 수 있다. 어디서 누굴 만나든 나의 평가 기준이나 잣대로가 아니라 생명 그 자체로 만나야 진정한 만남이 이뤄진다. 그래야 그 사람의 마음을 잘 보고 들을 수 있다.

너는 충분히 그럴 수 있어!

이십여 년 전 아침 출근길의 일이다. 마주 걸어오던 사람이 바로 앞에서 갑자기 "로보캅~투~"하며 가래침을 뱉으면 내 속도 확 뒤집어지는 것 같고, 그가 뱉어놓은 거대한 침 주위를 지나가자니 기분이 영 아니었다. 뭔가 하고 싶은 이야기가 목까지 올라왔지만 결국 하지 못하고 그를 지나쳤다. 화는 낼 수 있어도 대화는 할 수 없는 감정 상태 때문에 내 의사를 제대로 전달할 자신이 없었기 때문이다. 그로 하여금 '다른 이에게 불쾌감을 주고, 함께 사용하는 거리를 지저분하게 하니 다음부턴 그러지 말아야겠다'라는 마음이 들도록 하지도 못하고, 서로의 마음만 상했을 테니….

설령 입으로는 이치에 맞는 바른말을 했다손 치더라도 내 마음 속에서 저쪽을 무시하고 있는 한 고운 투로 나갈 리 없고, 그 마음을 전달받은 상대방이 그 행동을 수정할 리 만무하다.

'넌 잘못했어. 이렇게 하면 안 되지. 담부턴 절대 그러지 마.' 하는 건 일방적인 비난이고 훈계이다. 비난과 훈계를 과연 상대방이 받아들일까? 진정한 수정은 상대에 대한 인정과 긍정 속에서 이뤄진다. 거부당하고 부정되는 불안한 상태에선 남의 이야기를 받아들일 여유가 없다. 그래서 무조건 인정하는 게 필요하다. 잘했다 잘못했다를 논하기 전에 일단 인정해보자. '당신은 충분히 그럴 수 있어!'라고 인정하고, 나와 상대방이 개별적으로 따로 존재하는 게 아니라 서로 연결된 연기적인 존재임을 보는 게 삶의 지혜다.

모든 건 나의 선택이다

수많은 사람 중에 침 뱉고 쓰레기 버리는 사람이 자주 보였던 이유는 뭘까? 그때 그 시각, 내 옆을 지나는 이가 꼭 그 사람만 있었을까? 아름다운 꽃을 든 싱그러운 미소의 여인이 지나갔을 수도 있거늘, 난 하필 침 뱉는 이를 본 걸까? 결국 내가 그런 사람들을 찾고 있었음이다. 보고자 하는 마음이 있으니 보이는 것이고, 부딪혀서 나를 내세우고 싶은 마음이 있으니 부딪히는 것이다. 내 선택에 의해 이뤄진 일들인데, 난 그들을 탓하며 실랑이를 벌였던 것이다. 나의 선택이니 이왕이면 칭찬할 거리를 선택하는 게 낫지 않을까?

누군가에게 화가 나 있고 몹시 서운할 때 '내가 지금 왜 이러고 있지?' 물어보면 혼자 스스로 그러고 있는 때가 거의 대부분이다. 이 '스스로'가 정말 중요한 대목이다. 누가 던져준 것도 아닌데 혼자 껴안고 끙끙댄다. 상대방이 진짜 나 화나라고 그런 게 확실하다면, 오히려 내가 그 사람에게 뭔가 서운하게 한 게 있으니 도리어 그걸 알아내어 사과하며 마음을 풀어주어야 할 일이다. 그런데 나 화나라고 그랬다는 증거도 없으면서 혼자 그렇게 생각하고 삐진다. 그것도 나의 선택이다. 마음에 불길이 치솟는 것도 나의 선택, 기쁨과 감사로 충만한 것도 나의 선택. 뭘 선택하며 살 것인가? 선택은 자유다!

나에게선 향기가 날까, 악취가 날까

마음공부는 '자신을 바로 보는 것'이다. 욕심내고 성내고 어리석은 마음으로 가득한 자신을 돌아보는 일이다. 오랜 세월 동안에 쌓인 집착과 욕심과 어리석은 마음이 '정화'되는 쪽으로 시간을 쏟으면서, 나의 생각과 말과 행동을 바꾸는 게 진정한 마음공부다. 자기 만족적이거나 보여주기 위한 행위는 지양해야 한다. 눈앞에 벌어지는 모든 현상은 인연 따라 오고 갈 뿐인데, 다가온 인연을 나의 업장을 소멸하는 기회로 삼지 못하고, 내 식에 맞지 않는다고 버럭 화를 내거나, 옳고 그른 시비를 가리는 데 흘려버린다면 그 시간이 너무 아깝다. 옛 어른들은 마음공부를 한 사람들에게서는 향기가 난다 해서 '향인'이라 불렀다고 한다. 나를 바꾸는 향인! 향인과 반대로 내가 옳다며 너를 지적하고 너와 대립하는 아상(我相)에선 악취만 풍길 것이다.

자신을 바로 보지 못하는 것은 흡사 덫에 걸린 쥐의 몸짓과 같다. 쥐덫에 갇힌 생쥐가 살려면 제일 먼저 해야 할 일은 덫에서 나오는 것이 아니라 덫에 갇혔음을 인식하는 일이다. 덫에 갇혀 옴짝달싹하지 못하는 자신의 현실을 제대로 봐야만 나올 길이 열린다. 스스로를 직시해야 덫에서 나오고자 하는 마음도 간절해지는 법이다. 덫에 걸려 죽어가는 줄도 모르고, '나라는 틀' 속에서 나를 주장하며, 부자유하고 불만족하고 부조화한 인생. 내가 잘났다, 내가 옳다. 내가 인정받아야겠다는 아집을 내려놓자. '나는 아는 게 없습니다', '내 생각이 틀렸습니다', '내가 잘못했습니다'를 연습해보자. '나를 우긴 만큼 나는 바보요, 못난이입니다' 하는 마음으로 살아보자.

세상 모든 변화의
출발선은 나다

'체육의 여왕'의 아들, 태어나다

나는 학창시절에 '체육의 여왕'이라 불렸다. 체육 시간을 제일 좋아했는데, 둘째 아이가 나의 운동신경을 닮아 몸이 무척 재다. 아장아장 걷던 시절에는 세 걸음 이상 못 걷고 뛰어다녀서 별명이 '세 걸음'이었다. 체구 작은 이 아이는 근력이 너무 좋아, 나도 무거워 못 드는 김치통을 18개월 무렵에 두 손으로 들어 옮기고, 마치 원숭이가 가지를 타고 건너듯이 이곳저곳을 점프해서 옮겨 다니는가 하면, 네 살 때는 놀이터의 구름다리를 끝까지 두 팔로 성큼성큼 건너갔다. 다섯 살엔 두 발 자전거를 탔으며, 여섯 살엔 자전거에서 손을 놓고 타고, 물레방아 돌면서 걷기를 즐겨 하는 등 종일토록 활동량이 참 많은 아이였다.

갑자기 오줌싸개가 되다

이렇게 활동량이 많아서인지, 이 아이는 어릴 때부터 어른보다 물을 많이 먹곤 했는데, 이제 막 다섯 살이 된 1월의 어느 날 밤부터 오줌을 싸기 시작했다. 자다가 날벼락이라고, 잠결에 갑자기 이불 위로 오줌 줄기가 좌악 뿌려질 때의 놀람이란…. 상상해보라. 잘 자고 있다가 갑자기 어디선가 '쉬이~' 하는, 호스에서 물 뿌려지는 소리가 나면서 오줌 줄기가 포물선을 그리며 이불 위에 쏟아지는 장면. 사람 사는 방이 아니라 동물들의 우리 속에 있는 듯한 기분이랄까. 먹은 물이 많으니 오줌 줄기도 얼마나 끝없이 긴지, 정말 수돗물을 틀어놓은 줄 알았다. 밤 1시에 이불 다 걷어내고, 씻기고 새 이불에 재웠던, 그야말로 놀란 가슴과 소동의 밤이었다.

기저귀도 제 때에 잘 떼었고, 자다가 오줌이 마려우면 혼자 조용히 화장실 변기에서 오줌을 누고 오던 아이가 갑자기 오줌을 싸기 시작하니까 두꺼운 겨울 이불 빨래를 해야만 했던 나의 스트레스는 이만저만이 아니었다. 물을 너무 많이 먹었거나, 아니면 에너지가 소진될 때까지 종일 뛰어다니며 놀다가 잠에 곯아떨어졌으니, '오줌이 마려워도 일어날 기력이 없어 일어나질 못하고 그냥 싸버렸나 보다' 하고 첫날은 충분히 이해하고 넘어갔다. 첫날은 오줌 싼 아이도 얼마나 불편하겠나 싶어서 '이게 웬일인가?' 하는 소동 정도로 넘어갔는데, 이틀, 삼일째에도 지속되니 이제는 도저히 좋은 말로 넘어가지지 않았다. 게다가 매일 연달아 그러니 이불 빨래가 장난이 아니었다. 당시에는 건조기를 들여놓기 전이라 이불장의 이불은 거의 다 동원되었다.

그런데 그 뒤부터 저녁 식사 후에 아이가 물을 먹겠다고 하면 네 살 터울 위의 큰 아이는 "너 자다가 오줌 싸면 안 되니까 조금만 마셔" 했다. 또 겨울철이라 한창 귤을 맛나게 먹었는데, 귤을 먹으려고 하면 역시나 "안 돼! 자다가 오줌 싸" 이러면서 동생을 통제했다. 지나치게 동생을 통제하는 큰아이를 보고 의아해서 '이 아이가 왜 이러나?' 하고 살펴보니, 아이는 내가 했던 말을 그대로 따라 하고 있었던 것이었다. 그즈음, 나는 둘째의 일거수일투족에 온통 신경을 쓰며 일일이 행동을 통제하고 간섭하며 말하고 있었던 것이다.

며칠간의 지옥을 겪다 보니 이젠 뭔가 방법을 찾아야 할 것 같았다. 그래서 오줌싸개를 고칠 수 있는 방법에 대해 폭풍 검색을 하기 시작했다. 그러다가 어느 상담내용을 보게 되었는데, 열두 살짜리 딸이 오줌을 싸서, 저녁에는 이 딸에게 물 한 방울 먹이지 않고, 화장실도 집 안의 화장실을 못 쓰게 하는 등 언뜻 보기에도 너무 가혹한 사연이 올려져 있었다. 이 엄마는 다 큰 딸이 오줌싸개이기 때문에 힘겨움을 겪고 있는 자신을 호소하며, 자신의 행위를 정당하게 생각하고, 어떻게 해결해야 할지를 묻고 있었다. 답변 글이 궁금해 그다음을 얼른 읽었는데, 첫 줄만 보고 나는 머리를 한 대 얻어맞은 기분으로 화면을 닫고 말았다.

정확한 워딩과 상관없이 내 기억에 남아 있는 문장은 이것이었다.

"문제는 어머니입니다."

난 그 첫 문장에서 모든 해답을 얻었기에 그 뒤의 내용들은 볼 것도 없었다.

문제는 아이가 아니었다

그동안 매주 법회에서 법문을 들으며 나름 마음공부를 해온 주된 내용이 바로 '문제는 상대방이 아니다'라는 건데, 그 말을 정작 내가 놓치고 있었음을 알았다. 아이가 오줌을 싼 건 사실이다. 어린아이가 자라다 보면 오줌을 쌀 수도 있는 거고, 반갑지는 않지만 그게 어쩌다 보니 며칠 연속될 수도 있는 거다. 종일 뛰어노느라 에너지가 소진되어서 녹다운이 된 채 잠에 깊이 빠지다 보면 오줌이 마려워도 일어나지 못하고 오줌을 이불에 쌀 수도 있는 거다. 그런데 문제는 엄마인 내가 그 아이를 '오줌싸개'로 규정을 한 것이다.

오줌싸개로 규정하고, 오줌싸개로 바라보며, 오줌싸개로 대하면서 말하고 행동했으니, 그 아이는 내 앞에서 당연히 오줌싸개로 존재해야만 했던 것이다. 모든 눈빛과 모든 몸짓으로 이미 '넌 오줌싸개야' 하는 사람에게, 아이는 그저 그 기대에 부응하며 오줌싸개 역할을 충실히 했을 뿐이다.

'아이가 문제가 아니라, 아이를 오줌싸개로 본 내가 문제구나.

거기에 원인이 있었구나!'를 깨닫고, 그 순간부터 내 마음을 고쳐먹었다. 아이가 오줌싸개라는 생각 자체를 아예 머릿속에서 싹 지웠다. 며칠간 '오줌을 쌌던 아이'인 것과 '오줌싸개 아이'는 완전히다른 차원의 얘기다. 오줌을 싼 건 이미 일어난 일로서 어쩌지 못하는 팩트이지만, '오줌싸개 아이'라고 규정하는 건 과거의 사실을기반으로 해서 미래까지 규정하고 속박하는 것이다. 그리하여 마침내 달라질 수 있는 미래의 가능성까지 차단하는 것이다.

어쨌거나 어떤 이유에서인지는 모르겠으나 아이는 어제까지오줌을 쌌다. 그건 이미 일어난, 변함없는 사실이다. 그러나 그 아이가 오늘 밤에도 오줌을 싸고 내일 밤에도 오줌을 쌀지는 아무도모른다. 그러니 오줌싸개로 함부로 부를 수는 없는 것이다.

아이를 대하는 내 생각이 바뀌니 나의 말과 행동이 바뀌었다.큰아이가 작은 아이에게 "너 또 오줌싸면 어쩌려고 물을 그리 많이 먹어?"라고 하길래 "동재가 왜 오줌을 싸? 우리 동재는 이제 오줌 안 싸. 오줌 마려우면 화장실 가서 눌 거야. 동재야 괜찮아. 먹고 싶은 만큼 맘껏 먹어. 걱정하지 마"라고 말했다. 진심으로 한말이었다. 내 생각은 완전히 바뀌어 있었으니까! 아이를 오줌싸개로 본 것에 대해 참회하고 오줌을 싼 건 하나의 사실로만 인정하며 그대로 두었다. 그랬더니 어떤 일이 벌어졌을까?

내가 바뀔 때 아이가 바뀐다

바로 그날부터 아이는 오줌을 싸지 않았다. 오줌싸개로 보았을 땐 오줌싸개 짓을 하더니, 오줌싸개로 보지 않으니 오줌싸개 짓을 하지 않았다. 이건 신기한 게 아니라 당연한 것이었다. 모든 것은 인정하는 만큼 펼쳐진다. 그래서 변화의 출발선은 저쪽이 아니라 늘 내 쪽이다.

아이를 변화시키고 싶다면 아이의 행동을 바꾸는 게 먼저가 아니라 아이를 바라보는 내 시선을 먼저 바꿔야 한다. 내가 아이를 무엇으로 바라보고 있는지부터 점검해봐야 한다. 내가 바라보는 대로 아이는 그 기대에 부응하며 자신의 능력을 펼칠 것이다.

모든 생명은 무한가능성을 지닌 존재이다. 내 앞에 나타난 모습들은 내 마음을 비추는 거울일 뿐이다. 그래서 《금강경》에서는 현상적인 모습들은 고정된 실체가 있는 게 아니고 내 마음이 반영되어 나타난 것이라고 한다. 내 마음속 번뇌, 망상이 오줌싸개로 드러난 것이므로, 내 마음밭에 어떤 씨앗을 심을지는 전적으로 내게 달린 문제다. 마음속에서 인정한 그 씨앗은 반드시 싹을 틔워 열매를 맺는다. 그렇게 뿌린 대로 거두는 게 삶의 진실인 것이다.

돈 많으면
행복할까

"(그놈의) 돈이 뭔지"

돈 많다고 행복한 건 아니라고 흔히들 말한다. 그러면서도 누구나 돈을 많이 갖길 원하고, 이미 많이 가진 사람도 더 가지려고 애쓰는 게 현실이다. 자본주의 사회에서는 돈이 인생의 전부라고 해도 과언이 아닐 정도로 중요하다. 돈이 무조건 많아야 좋은 건 아니지만, 어느 정도의 돈이 있어야 가족도 있고, 친구도 있는 거다. 돈이 없으면 행복도, 사랑도, 건강도, 안정도, 꿈도, 열정도 그무엇 하나 지킬 가능성이 희박해지니까. 그러나 부자이면서 불행한 사람이 있고, 가난하면서 행복한 사람도 있는 걸 보면 가난이나 돈이 행복의 기준이 아닌 건 분명하다.

돈이 많아졌는데 왜 밤에 잠을 더 못 이룰까

작은 사업체를 운영하는 20대 후반의 청년인 K와 이야기를 나누게 되었다. K는 머리 좋고 성실해서 이른 나이임에도 억 소리 나게 적지 않은 돈을 벌고 있는 청년이었다. 어렸을 때부터 형편이 그리 넉넉한 편은 아니어서 먹고 싶은 거, 입고 싶은 거, 갖고 싶은 거 다 하지는 못하고 살았다. 그래서 늘 돈에 대한 욕심이 큰 상태에서 자라왔다. 빨리 돈 벌어서 좋은 차도 사고 남 눈치 안 보는 큰 집에서도 살고, 외식도 맘껏 하면서 그렇게 하고 싶은 거, 갖고 싶은 거 다 누리면서 살고 싶었다. 그렇게 살면 행복할 거라 믿었기에 정말 하루에 서너 시간밖에 못 자면서 오직 돈 버는 데만 신경 쓰며 앞만 보고 달려왔다. 가진 것 없던 K가 이젠 돈 걱정 없이 먹고, 쓰고, 물건을 사면서 산다.

그런데 얼마 전에 K는 내게 이렇게 물었다.

"통장 잔고는 늘고 있고, 외제차도 굴리고 있으니 분명 전보다 더 많이 행복해져야 하는 거 아닌가요? 돈이 많아졌는데도 더 큰 목표를 세워야 될 것 같은 생각으로 밤에 잠은 더 못 이루고, 살도 빠지고 우울증으로 힘들어요. 돈이면 다 해결되고 행복해질 줄 알았는데, 그게 아닌 거 같아서 예전으로 돌아가고 싶다는 생각도 해요. 학자금대출에다 매달 고시원비까지 아직도 힘겹게 하루하루를 돈과 전쟁하며 사는 친구들은 저보고 배부른 소리 한다고 하네요." 그러면서 K는 잠을 편안히 자고 싶고, 우울감에서 벗어나고 싶다고 했다.

경제적으로 궁핍해질수록 내가 원하는 것을 얻을 수 없고 삶의 질도 떨어지며 선택의 폭도 좁아지니 당연히 삶은 불만족할 수밖에 없다. 지금의 삶에 만족하지 못하고 불면증, 우울증에 시달리는 이유도 더 많은 물질을 쫓고 더 성공하려고 하기에 그렇다. K를 힘들게 하는 건 K 자신이다. 예전으로 돌아가고 싶다고 말은 하고 있지만, 더 큰 꿈과 목표를 설정해서 자신을 거기에 맞추고 오늘도 채찍질하며 달리고 있으니, 왜 그 목표를 이루고자 하는지 뜻을 놓친 채 물질만을 쫓는 마음을 내려놓지 않는 한 K는 계속 힘들 것이다. 큰 목표가 문제가 아니라 그 목표를 왜 세웠는지 모르는 게 문제다. 방향 없는 목표는 이루어도 허기진다. 목표를 위한 목표일 뿐이다. 진정으로 내가 원하는 게 아니다. 내가 살려고 목표도 정하는 건데, 목표를 위한, 목표를 이루는 수단으로 나를 전락시키는 건 어리석은 짓이다.

가난과 불행은 한 몸이 아니다

또 다른 청년 P는 어릴 적에 사업하시는 아버지 덕에 집안 형편이 넉넉했다. 좋은 집에서 살면서 가족들과 외식도 자주 하고 갖고 싶은 장난감은 바로바로 손에 쥐며 잘 살았다. 그러다가 초등학교 6학년 때 IMF로 인해서 아버지의 사업이 부도나면서 가족은 거리에 나앉게 되었다. 아무 때나 사람들이 집안으로 들어와서는 자고 있던 방문도 불쑥 열었다가 나가곤 했는데, 그때의 충격이 지금도 생생하다고 했다. 집도 차도 가구도 다 팔고 빈털터리 된 채로 시골로 와서 살았는데, 부모님은 돈 때문에 자주 싸우시고, 아버지는 매일 술로 신세 한탄을 하며 자식들을 폭행하신 탓에 가족들과 멀어졌다.

밝고 쾌활한 성격이었던 P는 갑자기 바뀐 환경으로 인해 친구를 못 사귀고, 형편이 어려워 준비물도 제때 못 챙겨가니 학교에서도 주눅이 들었다. 더군다나 술 취한 아버지에겐 수시로 폭행을 당하고, 엄마의 불평불만 섞인 욕설을 들으며 엄마의 감정 하수구가 되어 살다 보니 자존감도 떨어졌다. 동네 사람들의 은근한 무시 속에 살았던 기억 때문에 성인이 되어서도 누구랑 어울려 무언가를 하기가 어려워졌다고 했다.

그런데 P가 자신의 얘기를 하다가 중요한 포인트를 짚었다. 그 당시 IMF로 인해서 망한 집이 한둘이 아닌데 모든 집이 불행했던 것은 아니지 않느냐고 반문했다. 가족이 똘똘 뭉쳐 IMF를 이겨내고 다시 잘살게 된 집들도 얼마든지 많았다. 가난했음에도 가족이 서로를 지탱해준 가정은 행복했을 테니, 가난하다고 꼭 불행한 것은 아니라고 스스로 정리를 하는 것이었다.

가난은 기회다

나는 스콧 니어링과 헬렌 니어링의 삶이 담겨 있는 《아름다운 삶, 사랑 그리고 마무리》(보리, 1997)라는 책을 참 좋아한다. 오래전에 읽고 감명을 받아 그런 삶을 꿈꾸기도 했다. 그러나 늘 마음속에만 품고 있었을 뿐인데 얼마 전에 커뮤니티를 통해 알게 된 이겸 사진작가는 제주 애월에서 실제 그렇게 사는 분이다. 달빛애월이라는 펜션을 운영하고 있는데, 모든 걸 손수 짓고 고치고 가꾸며 열린 공간에서 많은 사람들과 교류하며 살고 있다. 며칠 전에 들은 부자에 대한 정의가 너무나 반갑고 평소 내 지론과 닮아있어 소개해 본다.

작가님의 부인이 오래된 친구로부터 "요즘 돈 걱정 있니?"라는 질문을 받았다고 한다. 그래서 부인이 "아니, 나 돈 걱정하지 않고 사는데…." 하니까, 그 친구가 "그럼 너 진짜 부자구나!" 하더란다. 이겸 작가는 "돈 걱정 안 하는 게 부자다. 돈의 양이 문제가 아니다. 수입은 많은데 지출이 너무 많다면, 돈 걱정이 될 수밖에 없다. 한 달 쓰는 돈이 100만 원이라면 한 달 중에 한 이틀만 100만 원을 벌고 나머지 28일을 놀 수도 있다. 그런데 그 다음 달도 똑같이 돼야 하는데 어떻게 될지 알 수 없으니 불안해서 계속 일을 하는 거다."라고 했다.

"다들 제주도에 내려오면 뭘 먹고 사나 걱정하는데, 속내는 수입이 얼마인지 물어보고 싶은데 차마 묻지 못하고 돌려서 '제주도에 내려오면 뭘 먹고 사나'를 묻는다. 그러나 수입을 물어볼 이유가 없다. 각자의 쓰임새를 따져보고 거기에 맞게 살면서 돈 걱정을 안 하면 부자니까!" 너무 멋진 가치관 아닌가?

그리고 작가님은 어린 딸에게 가난에 대해서도 '가난이란 기회를 얻지 못하는 것'이라고 말한다. "기회가 사라지는 것이 가난한 것이다. 기회는 스스로 만들어가는 것이고, 기회를 만들 수 없다면 가난해진다. 책 읽을 기회가 없다면 책에 대해서 가난한 거고, 시간을 만들지 못한다면 시간에 대해서 가난한 거고, 친구를 만들지 못한다면 친구에 대해서는 가난한 사람이다."라며 가난은 기회라고 설명한다고 한다. 여기에 소개하는 이유는 나의 가난에 대한 정의와 가치관도 이와 같기 때문이다.

재벌들이 있지만 그들이 맨날 걱정을 한다면 진정한 부자가 아니다. 사업이 어떻게 될까? 이걸 계속 유지할 수 있을까? 걱정하며 쉬지 못한다면 불쌍한 노릇이다. 개인 자산도 많고, 주식도 많고, 채권도 많고, 부동산도 많고, 법인도 갖고 있지만, 돈 걱정을 한다면 돈이 아무리 많아도 그 사람은 부자가 아니다. '돈 걱정'이라는 세 글자로 부자에 대한 정리가 딱 되었다. 돈이 많고 적음이 아니라, 돈 걱정을 하지 않으면 부자다.

마음도 마찬가지다. 걱정이 없으면 부자인 거다. 돈 걱정 없는 부자도 좋지만, 마음에도 걱정이 없어 마음부자로 살면 그게 나는 제일 행복이라고 생각한다. 많이 있어도 움켜쥐고만 있고 베풀 줄 모르면 부자가 아니요, 적게 가지고 있어도 나눌 마음이 크다면 그가 진정한 부자다. 나는 진정코 마음 부자로 살고 싶다!

누구나 경제적 자유를 꿈꾼다

자기계발의 열풍 속에서 가장 흔하게 듣는 말이 아마도 경제적 자유가 아닐까 싶다. 나 역시도 경제적 자유를 원하고 있다. 경제적 자유란 돈을 벌기 위해 내가 원치 않는 일을 하지 않아도 될 자유를 의미한다. 한마디로 '생계'를 위해 일할 필요가 없는 상태를 말한다. 새벽마다 힘들게 눈을 떠서는 콩나물시루 같은 지옥철에 몸을 싣고, 한 공간에 있으면 불편한 사람과 하기 싫은 일을 하면서 자정 무렵에야 간신히 잠이 드는 생활을 하고 있다면…. 지금 당장 사직서를 당당히 내고 떠날 수 있다면…. 매일 빚을 갚아나가는데도 빚이 쌓이고, 들어올 돈은 정해져 있는데 나갈 돈은 산더미이고, 노후준비 같은 건 언감생심 상상조차 어렵고, 한 달 벌어 한 달 사는 이 생활을 벗어날 수 있기를 희망하고 있다면…. 쉬어야 할 공간, 사랑하는 가족, 에너지원이 되는 먹을거리와 인간다운 삶을 위해 원치 않는 일을 하고 있다면…. 누구나 경제적 자유를 꿈꾸고 있을 것이다.

경제적 자유를 꿈꾸는 일은 나쁜 게 아니다. 혹자는 돈을 밝히는 사람이 경제적 자유를 꿈꾼다고 오해하기도 하지만, 나는 천만의 말씀이라고 생각한다. 경제적 자유에서 방점은 '자유'에 찍혀 있지 '경제'에 찍혀 있지 않기 때문이다. 앞에서 말한 대로, 한 달 백만 원을 벌어도 내가 자유롭다면 경제적으로 자유로운 것이고, 한 달 천만 원을 벌어도 돈에 매여 마음이 자유롭지 못하면 경제에 매여 있는 것이다.

돈은 좋은 도구다

돈을 모으는 그 자체가 목표인 사람도 있다. 돈이 많아도 돈 쓰는 거 자체가 아까워서 음료수도 안 사 먹는 사람도 봤다. 돈이 많으면 행복할 가능성이 높아지긴 하지만, 돈이 곧 행복은 아니다. 근본적으로 행복이 뭔지 진지하게 생각해볼 필요가 있다. 돈의 가치를 이해하면서 행복을 누리는 법까지도 터득한 사람이라면 그에게 주어지는 돈은 좋은 도구일 수 있다. 스스로 만족할 줄 알고 사회와 이웃에 기여할 수 있는 현명한 삶을 배운 사람이라면 돈이 많을수록 행복해질 확률도 높지 않겠는가!

지나친 노동에서 벗어나게 해주고, 쉬고 싶을 때 맘껏 휴식을 취할 수 있게도 해주며, 남이 아닌 자신을 위한 시간을 쓸 수 있게 해주고, 가족 간의 재정적 문제로 인한 스트레스를 쉽게 해결해주기도 하는 돈….

혹여 지금 "돈돈" 하면서 돈을 쫓고, 돈이 이끄는 삶을 살고 있진 않은지…. 모든 걸 돈 벌기에 유보하며 행복도 미루고 있는 건 아닌지 한 번쯤 돌아보자. 각자마다 행복의 정의와 기준도 다르기에 '나의 행복'에 대해 정리해보자.

Tip : 나의 행복은

_____

_____

_____

_____

믿음이
관계의 기본이다

"시어머니 맞아?"

나는 시어머니하고 묵혀두면서 안 하는 말이 거의 없다. 어머님과 이야기하는 걸 옆에서 보면 대부분 '시어머니 맞아?'라는 생각이 든다고 한다. 최씨 집안에 시집온 '이(李) 가', '김(金) 가'라는 전우애가 있어서인지, 가끔 각자가 모시고 사는 최씨들 흉을 보며 동질감 내지는 돈독함을 느끼곤 한다. 남편의 허물에 초점을 맞추기보다는 나의 마음을 전달하고자 할 때, "어머니, 아범이 이래서 서운했어요." 하면 "그래, 그랬겠다. 늬 아부지도 그래. 그거 때문에 나두 맨날 싸우잖니." 하시면서 어머니만의 방식으로 나를 위로해주신다. 그것이 어머님의 진심 어린 위로임을 나는 안다.

"너는 며느리랑 잘 통해서 좋겠다"

어머님의 그 한 말씀이면 조금 전까지의 서운함은 금세 사라진다. 왜냐면 상대방이 바뀌는 건 참 어려운 일이란 걸 잘 알기에, '남편이 저걸 고쳐줬으면 좋겠어요'가 아니라 '남편의 그러한 점 때문에 제가 서운했어요'라고 내 마음을 알아달라는 것이 주안점이기 때문에 내 말에 공감해주신 것만으로도 나는 위안을 얻는 것이다.

어머님 또한 아버님 때문에 힘든 일 있으시면, 남에게는 차마 얘기할 수 없는지라, 며느리인 내게 털어놓으시며 답답한 마음을 풀어내신다. 두 분의 고향인 속초로 이사하시기 전까지는 서울에서 사셨는데, 생신이라든지 기일에 시댁에서 자는 날이면 안방 침대에선 어머님과 내가 밤새 얘기하다가 잠들고, 아버님은 거실에서 아드님과 대화하다가 주무시곤 했다. 마음의 응어리나 서운한 일을 내게 풀어내시며 본인의 마음을 정리하실 때 나는 '어머니께서 나를 신뢰하시는구나'라고 느꼈다.

시어머니로부터 나에 대한 신뢰를 느끼는 경험은 아주 중요했다. "영애야, 이거 내 친구 ○○이가 너 주라고 준 거야. 입어봐~", "어머 잘 맞네요, 어머니! 지금 입으면 딱 좋아요!" 선물 주신 친구분께 전화로, 옷이 너무 잘 맞는다며 감사 인사를 드리기도 했다. 어머니 환갑 때 둘째를 뱃속에 담고 어머니 친구분들과 노래방에서 춤추던 기억도 있다. "너는 며느리랑 잘 통해서 좋겠다"는 친구분들의 얘기를 전해주실 때이다. 어머니께서 며느리 흉 대신 칭찬을 하신다는 걸 간접적으로 알게 되어 어머니와의 친밀감은 더 자라났다.

8월 복중에 집에서 돌잔치라니…

두 아이 모두 8월 복중에 낳았다. 2016년 쌍춘년 12월 말에 서른여섯 나이로 결혼해 서른일곱 노산에 아들을 순풍 낳았다. 둘째가 태어나기 전까지 4년간은 5대 독자로서 양가 어른들께 너무나 큰 사랑을 받았던 첫째는 돌잔치를 전문 뷔페에서 100여 명의 손님을 초대해 성대히 치렀었다. 반면에 두 아이 모두 생일이 8월이고 여름 휴가철이라 둘째 돌은 속초에서 가족끼리 하기로 했다. 인원이 많지 않으니 식당을 예약하고 조촐한 상차림도 해줄 생각이었는데, '집에서 그냥 먹자'시는 시아버님 뜻을 거역할 수 없었다.

결국 8월의 불볕더위 속에 속초중앙시장에서 장 본 비닐들을 들고, 포목상을 찾아 돌잡이 할 실도 사서는 집에 와서 상을 차렸는데, 해놓고 보니 평상시 밥상과 크게 다를 바가 없었다. 돌상을 차렸다는 느낌이 하나도 들지 않는 것이 그저 내 눈에는 초라해보이기 짝이 없었다. 괜히 둘째 아이에게 미안한 마음에 평소 잘 떠들어대던 며느리의 입은 자연스레 닫혔다. 사실 부모인 우리 뜻대로 아이 돌파티를 해주지 못하고, 시장에서 장을 볼 때부터 내 속은 편치 않았다.

'어머님께서도 아버님 뜻을 따르는데, 우리가 어찌 고집을 피우나.' 하는 마음에 어머님을 따라 장을 보러 갔지만, 더위에 무거운 비닐 봉다리들을 들고 이 가게 저 가게 다니려니 짜증이 나고 속에서 뭔가가 부글부글거렸다. '이 돈이면 뷔페 가서 하고도 남는데….'하는 마음이 나를 짓눌렀다. 식당에서 하면 낭비고 집에서 하면 얼마 안 드는 줄 아시지만, 기념일에 집에서 하면 주부 입장에서는 '돈은 돈대로 들고, 애써서 썰고 볶고 차려봐야 뽀대는 하나도 안 난다는 것을 아버님께 말씀드리고 싶었다. 첫째 때처럼 잔치까지는 못 해줘도 가족끼리 조촐하게 예쁜 돌상에 사진도 찍어주고 싶었으나, 정작 아무것도 건지지 못한 나의 불만은 입이 막히고 얼굴이 굳으며 온몸으로 표출되었다. 그날 밥을 어떻게 먹고 어떻게 상을 치웠는지 기억이 잘 나지 않는다.

폭망이 환호로 바뀌기까지

돌이켜 생각해보면, 결혼하고 약 5, 6년간은 시어른들과의 조율 기간이 아니었나 싶다. 지금은 생신 때나 명절 때 시댁에 가면 '속초여행'을 온 기분이어서 떠날 때부터 너무나 기분이 좋지만, 결혼 초기에는 '시댁이 속초라니!(폭망했다)'하면서 힘든 적도 있었다. '남들은 여행으로 와서 바닷가에서 즐겁게 노는데, 나는 부엌일 하고 이게 뭔가!' 사실 장보기부터 준비까지 어머님께서 거의 다 해놓으시고, 나는 어머님의 주방 보조로서 설거지 정도만 하는 거였는데도, 명절 재미가 나지 않아 마음이 편하지 않았다. 왜냐면 태어나서부터 친가 외가 모두 대가족에, 친척들로 발 디딜 틈 없이 북적대는 명절을 보내다가, 시집을 와서는 4대 독자 외며느리에 명절에도 오시는 손님이 별로 없이 우리 가족끼리만 단출하게 지내니, 솔직히 음식을 만들어도 명절 기분이 안 났기 때문이다. 명절 당일에 차례 지낸 후 "어서 일찍 친정에 가라."고 어른들께서 배려를 해주셔도, 평상시 친정 가까이 살아서 부모님께 자주 왕래를 하다 보니, 발걸음이 쉽게 떼어지질 않았다.

그런 불편한 마음들이 작용하니 친정 가는 차 안에서 신랑과 말다툼을 한 적도 있었다. 친정엘 와보면 형제들은 이미 각자의 처가에 가고 사촌들도 이미 다 다녀간 뒤여서 볼 기회가 없었다. 다들 바삐 살다 보니 친조카들과 사촌 조카들도 명절에나 얼굴을 보는데, 그렇게조차 하기 어려웠던 것도 사람 좋아하는 나로서는 참 아쉬운 부분이었다. 부모님이야 평소에 자주 뵈니 상관이 없는데, 멀리 사는 언니, 오빠 그리고 사촌들, 특히나 시집오기 전에 예뻐하던 조카들에게 세뱃돈을 직접 못 주고 부모님을 통해 서로 세뱃돈 봉투만 교환하는 기분은 늘 아쉬움을 남겼다. 그러다가 시어른들께서 속초로 이주하시고 나서는 거리상 평소에 자주 찾아뵙지 못하니, 명절 때면 연휴 대부분을 시댁에서 보내고 오기로 하고, 아예 친정 식구들에게 세팅을 해놨다.

결혼 초기에 시아버님께서는 "조용한 집안에 시끄러운 며느리가 들어왔다" 하시며 '이상한 며느리'라고 별명을 붙여주셨는데,

그 이상한 며느리는 명절 때면 왕래가 뜸했던 친척 어른들 댁을 찾아뵙자고, 그래야 아범도 어른들께 인사드리고, 우리 아이들도 자신의 뿌리를 알게 된다며 식구들을 부추긴다. '이상한 며느리'는 그렇게 차례 마치고, 속초 인근으로 나들이를 가거나 친척어른께 방문하면서, 남들은 오지 못해 부러워하는 속초 여행의 기회로 십분 활용한다. '와우~ 시댁이 속초라니!' 폭망의 느낌표가 이제는 환호의 느낌표로 바뀐 것이다.

믿음이 관계의 기본이다

시어머니와 나 사이에는 묵혀두는 말이 없다. 마음에 서운한 것이 있으면 명절날 전 부치면서라도 지나가는 말처럼 서운함을 표현한다. 간혹 때를 놓치고 지난 경우라면 후에라도 웃으면서 "어머니, 그때 제가 얼마나 서운했는데요…." 하면서 농담 반 진담 반으로라도 나는 표현을 해왔다. 어머니 입장에서도 '이 얘기를 해야 되나 말아야 되나'를 상당히 여러 번 생각하시다가 내게 말씀하신다는 걸 피부로 느낄 때가 있는데, 나는 그게 무척 좋다. 나를 나무라시거나 혹은 섭섭하신 거에 관한 거라 들을 당시의 내 기분이 그다지 좋지 않을 수는 있지만, 나는 그런 말씀을 들으면서 무척 감사하고 한편으로는 기분이 좋다. 그렇게 표현해주시는 거 자체가 좋다. 쌓아두시지 않고 드러내 주시는 게 참 좋다.

가령 시댁에 갔을 때 어떤 일이 있었는데, 그때 바로 얘기하지 않으시고, 며칠 고민을 하시다가 전화하셔서는 "내가 그때는 그냥 들었는데, 생각해보니 그게 좀 이런 것 같다"는 식으로 얘기를 해주신다. 나는 이러한 건강한 대화와 건강한 관계가 좋은데, 이것은 서로에 대한 건강한 믿음이 있기에 가능한 일이다. 들을 때는 서운하기도 하고 어떨 땐 '띵~'할 수도 있지만, 어떤 마음으로 고민하시다가 그 얘기를 조심스레 꺼내셨을지를 너무나 잘 알기 때문에 지금까지 나는 어머님이 하신 말씀을 모두 다 진심으로 감사히 받아들였다.

말에 담긴 마음을 읽는 게 믿음이다

우리는 말 자체에 꽂히면 안 되고 그 말에 담긴 마음을 읽어야 한다. '저분이 왜 저 말씀을 하셨을까?' 나를 지적하기 위해서가 아니라 나의 발전을 위해서 하신 그 마음을 읽으려고 노력해야 한다. 그러면 시어른들과의 사이에도 응어리가 남지 않게 된다.

어찌 보면 그건 믿음이다. 시아버님, 시어머님에 대한 믿음. 이분들이 나를 어떻게 생각하시는지, 얼마나 나를 아껴주시고 나를 위하시는지에 대한 믿음이 있기 때문에 어떤 것도 그 마음을 바탕으로 받아들이려는 자세가 자연스럽게 갖춰진다. 이런 자세야말로 세상을 사는 데 기본이 되는 자세가 아닐까 생각한다.

나는 시어른들에 대해서만이 아니라 다른 사람 역시 믿는다. 일단은 나를 믿고, 나의 존재가치를 믿는다. 자기 스스로를 믿는 게 가장 중요한 덕목이라고 난 생각한다. 자기를 믿어야 다른 사람도 믿어지면서 그 사람이 하는 말을 고깝게 듣거나 곡해하지 않고 들을 수 있는 법이니까.

스스로를 믿는 사람은 설령 누군가 내게 나쁜 마음으로 무엇을 말했다 하더라도 그것을 해석하고 받아들이는 것이 본인에게 부정적으로 작용하지 않는다. 무슨 반응이든 긍정적으로 받아들이게 마련이다. 즉 내게 좋은 쪽으로 받아들인다는 뜻이다. 사람과의 관계에서 내 눈에 보이거나 내 귀에 들리는 현상들에 휘둘리거나 넘어지지 않으려면, 상대방의 말에 담긴 마음을 읽고, 행동에 담긴 마음을 읽는 게 중요하다. 그 출발은 스스로를 믿는 것에서부터다. 나를 믿고 나를 긍정적으로 바라보는 사람은 타인에 대해서도 신뢰하고 긍정적으로 바라본다. 스스로에 대한 시각이 비뚤어져 있지 않으므로 남들의 말과 시선에도 상처를 덜 입는다.

자신에 대해 부정적이면 이미 스스로가 상처 입을 준비를 하고 있는 격이다. 자신에 대해 긍정적이니 오해를 덜 하고 상처도 덜 입는다. 그리고 상대방에 대해서도 내가 이 말을 했을 때 내 말을 오해하지 않을 거라는 믿음이 있기에, 나의 서운함이나 불편함에 대해 용기 있게 표현할 수 있는 것이다.

믿음에서 나온 표현은 관계를 단절시키지 않고 성숙시킨다. 스스로의 존재가치에 대한 믿음을 굳건히 지키자. 그것이 바탕이 된다면 따뜻한 마음을 나누며 건강한 인간관계를 맺고 살아가는 일이 어렵지 않을 것이다.

5장

마음의 근육을
기르는 루틴 훈련

마음 에너지의 바탕이 되는
감사의 108배

내가 사는 건 누구 덕일까

우리는 흔히 나의 의지대로 내가 사는 것이라고 생각한다. 내가 잘나서 내가 목표를 세우고 내가 의지력을 발휘하여 내 노력으로 산다고 말이다. 그러나 지금 이 순간 내가 숨쉬고 있다는 것 자체만 생각해보자. 내가 이 자리에 존재하기까지 가장 먼저는 부모님이 계시지 않았다면 과연 내가 이렇게 있을 수 있을까?

비주얼이 좋은 외모를 주셨든 아니든, 나에게 베풀어주신 게 많든 적든, 지금이 있기까지 우선 부모님이 낳아주셨기에 가능한 일이다. 태로 나는 것(포유류), 알로 나는 것(조류) 등 생명류가 무수히 많지만, 부모님 덕분에 육신을 가지고 인간으로 살아가고 있는 것이다.

아버지께서 생명의 씨앗을 주셨고, 어머니께서 열 달 동안 품고 키워서 산고의 고통을 겪으며 세상 밖으로 나를 내놓아주셨으며, 먹여주고 입혀주고 키워주신 덕이다. 그 역할을 꼭 어머니, 아버지라는 이름이 아닌 다른 이름, 가령 할아버지, 할머니, 고모, 이모, 삼촌, 숙모, 보육원 원장님 등이라 할지라도 마찬가지다. 나를 거두어 키워주는 부모의 역할자가 계셨기에 지금의 내가 있는 것이다(설령 노숙하며 살아왔다 하더라도 누울 자리, 먹을 것을 취할 수 있었기에…).

그러면 육신을 잉태해서 낳아주시고 길러주신 부모님만으로 나의 지금이 있을 수 있는 것일까? 내가 배우지 않았다면 지금 이렇게 글을 쓸 수 있고, 누군가와 말을 할 수 있을까? 어떤 일을 한다는 것도 배웠기에 가능한 일이다. 나에게 가르침을 준 수많은 빚진 분들 덕분에 내가 살아가고 있는 것이다.

떨렸던 초등 입학식의 기억

아직도 떨리는 마음으로 콧수건을 가슴에 달고, 난생처음 교실이라는 곳엘 들어가서 애국가를 부르던 기억이 생생하다. 그러나 초등생이 되기 전에도 우리는 이미 유아 때 여러 사람들로부터 많은 것을 배웠다. 《내가 정말 알아야 할 모든 것은 유치원에서 배웠다》(로버트 풀검, 최정인 역, RHK, 2018).는 책도 있듯이, 살아가면서 꼭 지켜야 할 기본적인 것들을 우리는 이미 어린 시절 누군가로부터 배웠다.

나는 유치원을 나오지 않았지만, 우리는 그렇게 유치원에서도 배웠고, 동네 어른들께도 배웠다. 옆집에 숟가락이 몇 개인지 다 알 정도로 대문도 열어놓고 살았던 시골 마을 공동체에선 어른들 누구라도 나를 가르쳐주는 선생님들이셨다.

한 학년에 한 반밖에 없는, 동네에 유일한 초등학교에서 한글을 배우고, 산수를 배우고, 미술을 배우고, 음악을 배우고, 체육을 배웠다.

초등학교 때의 배움은 평생에 지대한 영향을 준다고 생각한다. "바르게 살자"라고 직접 붓글씨로 쓰셨던 4학년 때 담임선생님의 급훈 액자까지도 또렷이 기억이 나는데, 그 당시 선생님들의 가르침은 사회인으로서의 지금의 내가 있기까지 큰 역할을 해주셨다.

그렇게 선생님께도 배웠고, 언니 오빠에게도 배웠고, 친구들에게도 배웠다. 학교 선생님들뿐만 아니라 대학의 교수님들, 선후배님들, 학우들 모두가 현재 내가 직업으로 하는 일의 지식적인 밑받침을 주신 분들이다. 자고 나면 새로운 기술이 생기는 변화무쌍한 시대의 지금 이 순간에도 누군가에게 신문물과 신기술을 배워나가는 오늘을 살아가고 있다. 그렇게 모두에게 빚을 지고 말이다.

지식뿐 아니라 마음도 배운다

지식적인 부분 외에 정신적인 부분들은 어떠한가?

나의 가치관, 나의 인생관, 나의 신념 등은 어느 날 그냥 생긴 게 아니다. 많은 걸 보았고, 많은 걸 들었고, 많은 걸 맛보았고, 많은 걸 느끼며 그렇게 경험들을 했기에 지금의 나의 정신적인 자산들이 쌓여있는 것이다.

책, 영화, 음악, 그림, 음식 등을 통해 내가 본 것들, 내가 들은 것들, 내가 냄새 맡고 내가 맛보고 내가 만져보고 내가 느낀 것들이 모여 지금의 나를 이루고 있다. 나에게 그것들을 제공하며 무수히 많은 경험들을 할 수 있게끔 내 삶에 등장했던 인물의 수를 과연 헤아릴 수 있을까?

내 인생의 책 한 권을 꼽으라면 헤르만 헤세의 《싯다르타》이다. 헤세 자신이 자기 내면으로의 길을 지향하며 깨달음의 여정을 쓴 책인데, 나는 그 책을 중학교 때 읽고 많은 영향을 받았다. 겨울방학이라 밤을 꼴딱 새며 읽었는데, 내 존재의 뿌리에 대해 깊이 고민하기 시작한 계기가 된 책이다. 틈만 나면 나무뿌리를 그리고, 고3 때도 독서실에서 공부가 안 될 때는 다이어리에 나무뿌리를 그리는 일이 많았다. 그림 옆에는 항상 "나는 어디서 와서 어디로 가는가?"라는 문장이 적혀 있는 걸 보면, 대학입시에 대한 불안감보다 내 존재의 근원에 대해 궁금함이 훨씬 컸던 시기였다.

그 책은 '나는 누구인가'라는 물음을 놓치지 않고 살아온 지금의 나를 이루는 밑거름이 되었다. 책뿐만 아니라 한 편의 영화, 한 곡의 음악, 한 장의 그림 등도 나의 정신적인 자산에 큰 영향을 미쳤으리라.

사는 게 아니라 살려지는 것이다

이렇듯 지금의 내가 존재하는 것 자체가 무수히 많은 분들 덕분임을 알 수 있다. 내가 사는 것 같지만, 사실은 셀 수도 없는 많은 분들 덕분에 '살려지고' 있는 것이다. 과거에도 그러했고 지금도 그러하며 앞으로도 그러할 것이다. 사는 게 아니라 덕분에 '살려지고 있음'을 아는 순간 신기하게도 일상에서 맞닥뜨리는 불만과 짜증이 현저히 줄어든다.

우리는 감사할 때 보통 어떤 조건이 있어야 감사한다. 내가 원하는 조건이 갖춰졌을 때 그 결과에 감사하거나, 또는 나에게 어떤 일이 생겨서 감사하게 된다. '조건에 대한 감사'가 흔히 우리가 하는 감사라고 할 수 있다. 그러나 곰곰이 생각해보면 지금 이렇게 존재하는 것만으로도 셀 수 없이 많은 분들 덕분에 살려지는 것이니 존재 자체가 감사의 조건이 된다. 그러니 그것에 '무조건 감사'하는 게 핵심이다.

이렇게 무조건 감사를 하기로 마음먹으면 어떤 조건이 갖춰지기 전에 '먼저 감사'하는 습관까지 몸에 배기 쉽다. 감사할 조건이 있어야 감사하는 게 아니라 '무조건 감사하는' 마음, 무엇이 이뤄지기 전에 '먼저 감사하는' 습관을 기르기 위해 내가 추천한 방법은 108배 하기였다. 108배는 종교와 상관없이, 명상과 호흡과 함께 나 자신을 정렬하도록 도와주므로, 인연 닿을 때마다 주변 지인에게 감사의 에너지가 되는 108배를 해보라고 권한다.

무조건 감사합니다, 먼저 감사합니다

예로부터 절은 고정된 나의 생각을 포기하고 나를 내세우는 아만심과 집착심을 내려놓는 하심(下心)의 수행법으로 널리 행해져왔다. 절하는 자세가 자신의 몸을 가장 낮은 땅에 대는 행위이기 때문이다. 절하는 행위를 한자로는 오체투지(五體投地)라고 한다. 우리 몸의 다섯 군데[오체]를 땅에 대는 자세[투지]라는 의미다.

108배는 절을 108번 한다 해서 붙은 이름이다. 108배 방법은 두 손바닥을 마주 대고(합장), 몸을 구부려 이마와 두 팔꿈치와 두 무릎을 땅에 대고 이마가 반드시 땅에 닿게 하는 게 중요하다. 숨을 깊게 들이마시면서 몸을 엎드리고 천천히 내쉬면서 이마가 땅에 완전히 닿을 때 우리 몸의 긴장은 풀리고 이완되게 된다. 그래서 절을 할수록 긴장되었던 몸과 마음이 풀리는 걸 경험할 수 있다.

감사하지 못하고, 욕심부리고 화내고 어리석었던 마음을 돌아보며, 무조건 감사하고 먼저 감사하는 마음을 일깨우기 위해 다음과 같이 연습해보자.

말에는 힘이 있다. 맨 먼저 절하면서(땅에 엎어지면서) "무조건 감사합니다!"라고 말하고, 일어서면서 "먼저 감사합니다!"라고 소리 내며 그 소리를 잘 '듣는' 연습을 해보는 것이다. 이 세상에서 우리에게 가장 익숙한 음성은 자신의 목소리라고 한다. 큰 소리로 "감사합니다!" 말하고 내 귀로 잘 들어보자.

내가 내뱉는 말은 내가 제일 먼저 듣는다. "감사합니다!"라고 말을 할 때 내 마음에서는 이미 감사의 파동이 일며 감사할 거리를 떠올리게 된다. 무언가를 틀어놓고 남의 소리를 듣는 게 아니라, 나의 입으로 또렷하고 큰 소리로 "감사합니다"를 소리 내고 그걸 집중해서 잘 들으면서 절을 하는 게 중요하다.

나에게 가장 익숙한 목소리로 "감사합니다!"를 듣기 위해 "감사합니다!"라고 먼저 말하는 것이다. 듣기 위해서 소리를 내는 원리를 놓치지 말자.

Tip : 감사의 108배 코스

- 절하면서 "무조건 감사합니다", 일어서면서 "먼저 감사합니다"라고 소리내며 그 소리를 자신의 귀로 잘 듣는다.
- 1주 코스 : 처음부터 108배를 하기 힘들면 첫 시작은 3배 내지는 21배로 1주일간 해보자.
- 3주 코스 : 1주일간은 21배, 2주차에는 50배, 3주차에는 108배를 해보자.
- 100일 코스 : 108배가 무리되지 않는 분은 처음부터 꾸준히 100일간 108배를 하면 좋고, 아직 익숙하지 않은 분은 점차로 늘려가며 3주차부터 108배를 100일째 되는 날까지 해보자.

강점을 발견하고
싹을 틔우는 방법

누구나 강점은 있다

누구에게나 자신만의 강점이 있다. 별다른 노력을 하지 않고도 선천적으로 얻어진 강점도 있고, 후천적으로 길러진 강점도 있다. 선천적이든 후천적이든 자신의 강점을 발견하는 것은 마음의 근육을 기르는 데에 매우 큰 도움이 된다. 자신감이 생기고, 그러한 자신감으로부터 어떠한 일을 시작할 에너지가 생기기 때문이다. '사람에 대한 지대한 관심과 오지랖'이라는 나의 강점이 십분 발휘된 예로 퓨처스쿨 이야기를 해보고자 한다.

섭외가 제일 쉬웠어요!

1월 말경, 교대역에서 환승을 하느라 바삐 걷고 있는데, 마음나누기를 함께 했던 D님으로부터 전화가 왔다. "쿠키를 굽다가 문득 무상님 생각이 나서 그냥 걸었어요." 서로의 안부를 나누며 가볍게 대화를 시작했지만, 목소리에서 고민이 읽혀 열차를 타지 않고 지하철 플랫폼 벤치에 앉아서 그녀와의 대화에 집중했다. 그러는 동안 열차 몇 대가 지나갔고, 30여 분간의 통화를 마치고 나니 저녁 러시아워가 되었다.

열차가 도착했고 문이 열렸을 때 열차 안은 콩나물시루처럼 퇴근길 사람들로 빽빽했다. 마스크를 쓴 수많은 인파 속에서도 눈에 들어오는 한 사람이 있었으니, 얼마 전에 MKYU에서 'NFT'와 '세븐테크', 두 강좌에서 강의를 들었던 김승주 교수님이셨다! 세상에나! 이 많은 사람들 속에서 김승주 교수님을 만나다니!

가까이 다가가, "MKYU에서 교수님 강의 정말 잘 들었습니다!" 하고 인사를 드렸다. 인사를 드리면서부터는 사람에 대한 궁금증을 못 참고 인터뷰하는 '본캐'가 나와서 마치 '서서 라방을 하는' 기분이었다. 세상 어느 누구에게나 그렇듯이, 사람에게서 낯섦을 느끼지 못하는 나는, 마치 오래전부터 알던 분인 듯 이런저런 이야기를 나누었다. 알고 보니 김승주 교수님도 나와 같은 90학번이었다. 대화 중에 교수님으로부터 강의에 대한 아쉬움이 캐치되어, "교수님, 강의에서 못다 하신 이야기들을 제 라방에 나오셔서 들려줄 수 있으세요?"라고 여쭈었다. 그랬더니 흔쾌히 수락해주셨고, 그 자리에서 2월 12일로 날짜를 정했다.

나는 이 당시 교수님을 강의에서만 뵈었는데, 나중에 헤어지고 검색해보니 집사부일체를 비롯한 다양한 예능과 교양, 시사프로 그램에도 나오신 유명한 분이었다! 게다가 대통령 직속기관에서 정책 일도 맡고 있어 정말 눈코 뜰 새 없이 바쁘신 분이었다. 그렇게 유명한 분인 줄 전혀 모르고 요청드렸음에도 시간을 내주시다니 정말 감사한 일이었다. 나도 모르게 속에서 저절로 이 한 마디가 나왔다.

'나, 섭외의 여왕 아니야?!'

나의 '퓨처'를 만나다

약속한 날짜가 다가올수록 나의 고민은 깊어졌다. 피드에 공지를 올려야겠는데, 아무리 생각을 해봐도 이렇게 강의 잘하시고 명실공히 우리나라 최고의 암호화폐의 대가인 저자를 내 라방에서만 모시는 건 도리가 아닌 것 같았다. 분명 '찐'강의에 해당하는 주옥같은 말씀을 주실 건데, 방송 못 듣는 분도 계실 테니, 더 많은 분들에게 기회가 가도록 도움이 되는 길로 자연스레 생각이 모아졌다. 사람들이 교수님의 강의를 통해 변화하는 미래를 적극적으로 준비하면 좋겠고, 무엇보다 교수님과 '찐'팬 수강생들을 만나게 해드리고 싶었다(사람과 사람을 만나게 해주고픈 욕구가 여기서도 발휘된 셈이다). 만나서 직접 묻고 대화하며, 아직 강의 못 들은 분께는 강의를 선택하는 데 도움 드리고 싶었다(맛보기 강의처럼 말이다. 만족도는 완전보장할 수 있으니까)!

그래서 약속된 날짜를 며칠 앞두고 교수님께 연락을 드렸다.

"교수님, 교수님의 '찐'강의를 더 많은 분들이 들으실 수 있게, 줌(ZOOM) 특강 자리를 마련하고 싶은데, 교수님 생각은 어떠신지요?"

"편하신 대로 하시면 됩니다."라며 다행히 오케이하셨다.

그런데 줌 특강을 열려다 보니 그동안 나의 라이프 브랜드를 걸었던 '무상무아의 ○○○'라는 테두리에서는 맞지 않는다는 결론에 다다랐다. 그래서 오래전부터 구상해온, '다 같이 기회를 갖고 다 같이 성장하는 커뮤니티'에서 진행해야겠다고 마음먹고, 평소에 나눔과 교육에 뜻을 지닌 '토부' 님과 '유진' 님께 커뮤니티 공동 운영을 제안드렸다. 다행히도 흔쾌히 수락해주셨고, 나의 취지와 구상을 들은 '토부' 님이 그 자리에서 '퓨처스쿨'이라는 이름도 지어주셨다. 지하철에서 김승주 교수님을 만나도록 그 시각에 전화를 걸어주신 D님과, 퇴근길 러시아워 때 그 열차에 타고 계셨던 김승주 교수님, 그리고 '토부' 님과 '유진' 님 덕분에 그렇게 '퓨처스쿨'은 탄생했다.

강점을 알았다면 저지르자

작년 한 해 'NFT'에 대한 세간의 관심은 무척이나 뜨거웠다. NFT가 뭔지 자세히는 몰라도 신문에 거의 매일 등장하는 NFT에 대한 관심과, 암호화폐의 대가이신 김승주 교수님의 네임밸류 덕분에 '성장커뮤니티 퓨처스쿨'의 첫 무료강의에 300여 명이 참여해 굉장히 큰 호응을 얻었다. 나는 일단 사람이 좋고, 사람과 사람을 연결하는 게 좋다. 한 사람과 그 사람을 좋아하고 지지하는 사람들을 서로 만나게 해주는 걸 즐거워한다는 나의 강점도 알고 있었다. 그러한 욕구도 있고 그걸 가능케 하는 능력도 있다는 것을 말이다. 그래서 라방에서 사람들을 만나 인터뷰를 하고 직접 만나고, 팬덤을 만들어주는 게 즐거워 스스로를 일컬어 '커뮤니티메이커'라고 이름을 지었다. 그것이 확장되어 퓨처스쿨에 이른 것인데, 나는 퓨처스쿨을 시작하면서, 사람을 연결하고, 모일 수 있는 만남의 장을 열고, 커뮤니티를 조직하는 나의 강점을 재확인하였다. 이것이 퓨처스쿨이 나에게 준 첫 번째 선물이었다.

그리고 두 번째 선물은, 내가 다른 사람의 강점도 찾아주고 그들을 독려한 것이었다. 나는 이것이 심력의 바탕이라고 생각한다. 저마다의 강점을 알아채면 심력을 기를 수 있다고 생각한다. 누구에게나 다 심력이 있다. 강점을 자신 있게 밀고 나가 도전할 수 있는 용기만 있다면, 심력은 저절로 길러진다.

강점을 자신 있게 밀고 나갈 수 있는 루틴 훈련

퓨처스쿨에서 만난 많은 이들은 저마다 장점이 하나 이상은 다 있었다. 이들에게 도전할 수 있는 용기를 주기 위해, '오지랖'과 '참견질'을 하면서 나는 사람들이 강점을 밀고 나갈 수 있는 훈련법 4가지를 제안했다.

196

첫째, 자신의 강점을 믿어라.

자신이 갖고 있는 아주 작은 재능일지라도 이것은 나만이 가진 세상 귀한 재능이라고 자부하라. 겉보기에 비슷해 보이는 능력일지라도 나라는 사람이 펼치는 그 능력은 그 누구도 대신할 수 없는 나만의 능력이라고 자부하며 당당하자.

둘째, 강점을 믿었다면 남의 눈치 보지 말고 본인에게 뻔뻔해져라.

겸손할 필요 없다. 자신 있게 밀고 나가라. 겸손은 남에 대한 태도에서 발휘되어야지 자기에 대한 태도에서 발휘될 필요는 없다. 혹시 무늬는 겸손인데, 속마음은 '하기 싫다'거나 '내가 그걸 어떻게 해?'라는 실패에 대한 두려움은 아닌가? 남의 눈치 보며 겸손한 척하는 것은 어쩌면 겸손을 가장한 핑계일지도 모른다. 겸손은 미덕이 아니다. 그야말로 핑계다!

셋째, 일단 시도하라. 저질러라. 실패를 두려워 말라.

넷째, 습관을 들이려면 적어도 21일 동안은 꾸준히 하라. 새벽에 일찍 일어나는 것만 21일 동안 해도 충분히 가치가 있다.

퓨처스쿨을 해보니 실제 강점이 없는 사람은 단 한 사람도 없음을 나는 확인할 수 있었다. 그런데 대부분 본인만 그 사실을 모른다. 본인에게 얼마나 큰 강점이 있고 귀한 재능이 있는지를. 모르기 때문에 도전에 주저한다. '과연 내가 할 수 있을까?' '잘하지 못하면 어쩌지?' 결국 해보지도 않고 지레 접는다. 나는 많은 분들이 도전정신을 가지고 자신의 틀을 깨고 나오도록 하는 데 주안점을 두었다.

저마다의 퓨처를 열어가다

마음 근육을 키우려면 사람들과 같이 만나서 호흡하며 생명을 교류하는 것이 좋은 방법이다.

'퓨처스쿨 강사되기 프로젝트'를 통해 인연 맺은 '수잼' 님은 호주에 살고 있는데, 뉴질랜드, 호주에서 수학을 25년 동안 가르치는 일을 했다. "저는 평소 지론이 '연산 공부를 시키지 마라', '사고력을 키워줘라'예요. 그래서 '수학은 철학이다'라는 주제로 강의를 하고 싶어요."라며 퓨처스쿨 1기 강사로 지원을 했는데, 걱정이 이만저만이 아니셨다.

"이 주제로 강의를 했다가는 한국의 엄마들께는 반란이 일어날 것 같아서 못하겠어요. 두렵고 걱정이 태산이에요."

"어머나, 무슨 말씀이셔요? 저는 이 강의부터 하시면 좋겠는데요!"

나는 수잼 님과 같은 마인드를 가진 사람이다.

강사 되기 프로젝트에 지원하셨던 예비강사님들과 처음 만난 줌미팅에서 나는 이렇게 말씀드렸다. "저는 지금 큰아들이 중 3인데, 이 아이가 중학교에 갈 때까지는 학원엘 보내지 않았어요. 그러니까 반란을 두려워하지 마시고 수잼 님의 수학에 대한 철학과 마인드를 펼쳐주세요. 그러면 그것에 공감하는 사람들이 모일 거예요." 미팅이 끝나고 수잼 님은 이런 말을 남기셨다.

"어떻게 이렇게 사람들한테서 많은 걸 끌어내 줄 수가 있으세요? 없던 용기도 생길 것 같아요."

나의 강점을 발견하고, 그것을 펼치는 도전 속에서 '나의 존재 가치를 믿는 힘'은 더욱 커졌고, 내 삶의 뿌리는 더 튼튼하게 내려졌다. 자신의 강점을 찾아 도전하자! 그러면 자신도 모르는 사이에 어느새 마음 근육의 힘이 길러져 있음을 확인하는 날이 올 것이다.

분노를 조절하는
마음 훈련법, 찬탄

세상 사는 일은 화를 조절하는 일

세상 사는 일은 평생 분노(화)를 조절하는 일인 것 같다. 분노는 '제대로' 느끼는 게 중요하다고 전문가들은 강조한다. 분노를 과하게 표출하면 탈이 나지만, 무조건 억누르기만 해서도 문제가 되기 때문이다. 억눌린 감정은 머리가 아프거나, 배가 아프거나, 어딘가 몸의 아픔으로 반드시 나타난다. 오죽하면 '화병'이라는 의학용어가 탄생했겠는가!

분노를 부정하거나 회피하기보다는 정확히 알고, 상황에 맞게 적절하게 표현하는 방법을 익히는 게 필요하다. 자신의 감정을 있는 그대로 받아들이고 잘 관찰해서, 무조건 억누르는 것이 아닌, 조절할 줄 아는 마음의 힘을 길러보자.

화가 났을 때는 일단 심호흡을 하고 거울을 보자

화가 나는 순간에 얼른 거울 앞으로 달려가는 방법을 추천한다. 거울에 비친 내 얼굴을 보면 내 얼굴이 얼마나 험악하고 추한지 목격할 수 있기 때문이다. 그때의 충격과 공포(?)란, 안 해본 사람은 모를 것이다. 거울이 없으면 폰에서 셀카로 보자.

우리는 거울을 보고 사는 게 아니기 때문에 자기 자신의 표정을 거의 못 보고 산다. 자신의 웃는 얼굴도, 심각한 표정도, 화내는 얼굴도 모두 우리가 자주 볼 수 있는 얼굴이 아니다. 정작 살면서 자기 자신의 얼굴과 표정을 가장 적게 보고 사는지도 모른다.

그러니 화를 낼 때 자신이 얼마나 분노에 차 있는지 잊어버린다. 상담 요법에서는 흔히 화날 때 거울로 자기 자신을 비춰보라는 처방을 내리곤 한다. 자신의 험악하고 추악한 모습을 자기 눈으로 확인하고 나면, 다음번에는 쉽사리 드러내지 않으려 노력할 것이기 때문이다. 어느 누구든, 거울을 딱 들이대서 자신의 화난 얼굴을 보게 되면 아마 십중팔구는 화를 멈추게 될 것이다.

그런데 화가 나는 와중에 거울을 보러 가기는 매우 힘들다. 이게 처음부터 가능하지는 않다. 그럴 때는 종교가 있다면 종교의 힘을 빌려 기도를 하거나 염불을 외우라고 제안한다. 종교가 없는 사람은 일단 크게 심호흡 3번을 하라고 권한다. 그리고 정말 좋은 것은 종교와 상관없이 가슴에 손을 모으고(합장이든 기도든 모두 손 모양은 같다) 심호흡을 하는 것이다.

아이에게 화가 날 때 분노를 다스려야 심력이 길러진다

우리는 약자인 아이에게 분노를 마음껏 발산하는 경우가 많다. 어린아이에게 엄마라는 존재는 우주 그 자체이다. 그런데 자기보다 덩치도 훨씬 크며, 우주와도 같은 존재인 엄마가 서너 살짜리 어린 아가에게 소리를 지르고 있으면 그 아이는 얼마나 공포스러울까?

나 역시 아이들이 어릴 때 무섭게 화를 낸 적이 많았다. 지금 돌이켜 생각하면 부끄럽고 미안한 기억들이다. 아이들에게 냈던 화의 대부분은 아이를 훈육하기 위한 것도, 아이를 잘 되게 하려는 것도 아니었다. 그저 '화를 위한 화'인 경우도 있다. 지금 와서 어린 시절의 우리 아이들에게 가슴 깊이 사과하는 이유가 여기에 있다.

분노를 조절하는 루틴, 찬탄!

아이에게 화가 났을 때 아이를 내 식대로 보지 않고 그 찬란한 존재 자체를 찬탄하며 '법우찬탄(法友讚歎)' 발원문을 왼다. 법우찬탄 발원문의 내용은 서로를 무한능력자로서 존중하며, 각자가 본래부터 지닌 지혜와 용기와 능력을 찬탄하는 내용이다(법우는 '진리의 벗'이라는 뜻이다. 찬탄은 칭찬하고 감탄한다는 뜻으로, 어떤 걸 잘할 때 받는 칭찬이 조건적이라면, 찬탄은 존재가치에 대한 무조건적인 감탄이다).

아이가 자꾸 집을 나가려고 하고 부모와 불화가 잦아 엄마가 상담요청을 했을 때 이 '법우찬탄발원문'에서 당신 글자 자리에 아이 이름을 넣어 하루에 7번씩 외게 했는데, 어느날부터 아이는 집 나가려는 행동을 하지 않고 부모와 사이도 좋아졌던 사례가 있다.

화가 났을 때뿐만 아니라 아이에 대해 어떤 걱정이 생겼을 때에

법우찬탄 발원

찬탄하나이다,
부처님의 지혜와 용기와 능력을 갖고 있는 당신을.

찬탄하나이다,
부처님의 무한한 가피와 영광을 입고 있는 당신을.

찬탄하나이다,
부처님의 기쁨과 아름다움과 행복이 함께하는 당신을.

부처님의 자비는
오늘도 당신과 함께하고 계시나니
오늘의 찬탄은 더 큰 찬탄을 낳고
오늘의 자비는 더 큰 자비를 불러
당신의 지혜와 건강은 증진되리다.

찬탄하나이다 나의 법우여!

도 이 발원문을 외면 좋다. 발원문의 '당신' 자리에 아이 이름을 넣어서 읽는다. 그러면 아이에게도 그리고 읽어주는 분에게도 큰 공덕이 된다. 이때 반드시 아이의 밝은 모습을 떠올리면서 한 문장씩 진심으로 소리 내서 읽는다. 불교 신자가 아니어도 법우찬탄은 일종의 축원문이므로 누구에게나 좋다. 특히 무한한 가능성이 있는 아이에게 해주면 더할 나위 없이 좋다. 자녀나 손자를 위해 매일 법우찬탄발원문을 읽어주자. 특히 생일에 해주면 아주 좋다.

우리는 '절 커플'

우리 부부는 '절 오빠 절 언니', 한마디로 '절 커플'이다. 법회에서 만나 공부하다가 눈이 맞아 결혼까지 하게 되었다. 결혼을 앞두고 스승님께 과제를 받았다. '서로의 눈을 마주 보는 상태'에서 '법우찬탄발원문'을 7번 소리 내어 외고 맞절을 하라는 과제였다.

그런데 이때 찬탄 과제의 핵심포인트는 서로를 바라보며 '눈을 떼지 않는 것'이었다. 막상 해보면 은근히 쉽지 않다. 쑥스럽기도 하고 부담스럽기도 하다. 가령 내 얼굴 생김새는 이쁘거나 부드러운 게 아니어서, 나는 집중하고 온 마음을 다해 상대의 눈을 본 것일지라도 맞은편 사람에겐 레이저를 쏘며 노려보는 거로 보인다. 16년 전 결혼식 비디오만 해도 나는 주례사 님의 말씀을 한마디도 놓치고 싶지 않아 초집중을 하고 눈도 깜빡이지 않고 있지만, 보이기는 웨딩드레스 입은 신부가 인상 쓰고 노려보는 것처럼 보인다.

어쨌든 그러한 부담스러움도 있는 가운데 예비부부인 나와 신랑은 결혼식 날까지 눈 맞추고 법우찬탄하는 과제를 충실히 이행했다. 일상 기도정진 때나 법회 때마다 항시 외는 찬탄 발원문이기에 낯설지는 않았는데, 실제로 매일 서로의 눈을 마주 보며 법우찬탄을 외고 있자니, 발원문의 내용이 진심으로 다가왔다. 그리고 상대를 법우(法友)로, 도반으로 만나고 모셔야겠다는 마음이 진심으로 우러나왔다. 그 덕일까? 진리의 벗(법우)으로 살면서 찬탄의 힘으로 고비마다 잘 넘겨온 거 같다(결혼할 때에도…. 결혼생활에서 화가 날 때도 당시를 떠올렸다.)

분노를 다스리는 힘은 나보다 상대를 높이는 데서 출발한다. 아이도, 같이 사는 배우자도, 부모와 형제도 그리고 때로는 생판 모르는 남일지라도 나보다 '찬탄받아 마땅하다'고 생각하고 법우찬탄을 외우면, 그 자체로 내 안에 쌓여 폭발하려는 분노를 조절하는 에너지가 되는 걸 느낀다.

세상살이는 기쁘고 화나고 슬프고 즐거운 감정을 모두 느끼고 때로는 조절하며 사는 일이다. 그 감정들 가운데 화나는 감정은, 상대에게 나쁜 영향으로 가 닿는 감정이므로 이를 조절해야 한다. 살면서 인연 맺는 이들을 공경하는 마음을 갖자. 이들에게 화를 내는 대신 칭찬하고, 감탄하는 '찬탄(讚歎)'을 하면 내 마음의 근육도, 감정을 다스리는 훈련도 어렵지 않을 것이다.

금강경에
다 들어 있다

고전이 돌아왔다

시대가 어렵고 혼돈스러워서일까? 고전 다시 읽기 열풍이 거세다. 나의 지인들만 해도 공자님 말씀이 담긴 《논어》를 필사하거나 《성경》을 필사하는 분들이 많다. 마음의 의지처가 필요할 때일수록 옛 선인들의 지혜가 가득한 고전에 귀를 기울이게 되는 게 인지상정인 듯싶다. 딱딱하고 어렵다는 편견을 깨고 가독성 좋고 예쁜 디자인으로 재탄생한 고전들을 서점 매대에서 보면 나 역시도 자연스레 손길이 간다.

내 최애 고전 《금강경》

《금강경》은 '금강반야바라밀경'의 줄임말로 그 무엇에도 깨지지 않는 다이아몬드와 같은 지혜가 가득한 경전이라는 뜻이다. 《금강경》을 읽을수록 마음이 밝아져서 지혜로워진다고 한다.

내가 《금강경》을 처음 만난 건 20대 중반이다. 한문 경전을 한글로 번역한 《금강경》을 따라 읽으며 맨 처음 법문을 들은 날, '금강경 말씀대로만 살면 일상에서 부딪힐 일이 하나도 없겠는 걸!' 하며 매우 큰 안심감을 느꼈던 기억이 난다.

나는 《금강경》을 내가 꼽은 최고의 고전이라고 서슴지 않고 말할 수 있다. 금강경은 인간의 괴로움의 뿌리를 알게 하고 뿌리를 뽑게 도와주어 집착심을 끊게 해준다. 그뿐만 아니라, 허상에 속지 않으며 인생을 자유롭고 활기차게 살도록 도와주는 책이다.

역사적으로도 동서고금에 으뜸가는 네 분의 성인(4대 성인) 중에 가장 먼저 태어나신 분인 석가모니부처님이 설법하신 내용이기도 하거니와, 금강경은 대승의 가장 첫 가르침[대승시교]으로, 금강경 공부가 뿌리를 내린 상태에서는 그 위에 어떤 공부와 어떤 일을 탑재해도 대성공이라고 나는 믿는다.

화도, 기쁨도, 슬픔도 모두 나로부터 온다

내가 《금강경》을 가장 뛰어난 고전으로 꼽는 또 다른 이유는 이 책이 내가 번뇌에 휘둘리며 괴로울 때 마음을 다스리는 데 매우 큰 도움을 주기 때문이다. 금강경에 적힌 말은 모든 문제의 시작과 끝이 바로 나에게서 비롯되었다는 깨달음을 준다. 기쁜 것도 내 마음 때문이고 슬픈 것도 내 마음 때문이며, 분노하고 후회하는 것도 내 마음이 있기 때문이다. 금강경의 그 같은 가르침은 내가 외부 상황에 휘둘리지 않고 마음의 뿌리를 튼튼히 내리는 데 큰 도움을 주었다.

흔들리고 번민하고 괴로울 때, 그 괴로움의 씨앗은 남에게 있는 게 아니라 나에게 있다는 걸 금강경 법문을 통해 알고 나면 남에 대한 원망과 미움, 분노 때문에 힘들 이유가 없음을 알게 되어 자신을 들볶는 것에서도 해방될 수 있었다. 삶의 기준을 나 자신에게 두지 못하고, 남에게 두면서 타인의 시선과 평가에 우리는 얼마나 많은 에너지를 낭비하는가? 삶의 기준을 남에게 두면 그건 내 인생을 사는 게 아니라 남의 인생을 사는 거나 마찬가지다.

칭찬받으려 애쓰지 마라

《금강경》에서 내가 아주 좋아하는 구절은 '응무소주 이생기심 (應無所住 而生其心)'이다. '마땅히 머문 바 없이 그 마음을 내라'는 뜻인데, 금강경에서 아주 유명한 구절이다. 이 구절의 의미는 "좋은 일 하고 티 내지 말라"는 뜻이다. 무언가를 하고서 칭찬받으려 하고 인정받으려 하지 말라는 것이다.

그런데 그게 어디 그리 쉬운가? 세상 어려운 일 중의 하나다. 주었으면 고맙다는 말 듣고 싶고, 어떤 일을 하고 나면 칭찬받고 싶은 게 인지상정 아니냐 말이다. 그런데 그 마음이 충족되지 않아 우리는 얼마나 괴로울 때가 많은가! 좋은 마음으로 시작한 일인데도 누군가로부터 인정받거나 칭찬받지 못하면 스스로 괴로움에 빠지는 경험 없으신가? 나는 아주 많다!

《금강경》에는 또 이런 말도 나온다.

"주되 주었다는 생각도 갖지 마라."

어떤 대가나 보상을 바라는 바 없이 그냥 하면 그 자체로 공덕이 되어 복덕으로 돌아올 텐데, 바라는 마음과 구하는 마음 때문에 그 공덕이 까먹어져서 오히려 복이 화로 돌아오는 경험이 있다.

내가 무언가를 해줬을 때 그 상대방은 이미 너무나 고마워하고 있다. 다만 표현하는 때를 놓쳤거나 표현하지 않는 게 상대방을 위하는 길인가 싶어 그 나름으로 배려하며 그냥 있을 수 있다. 그런데 내 입장에서는 내가 원하는 방식의 표현이 없으면 서운해지기 시작한다. '이때쯤 되면 이런 반응이 있어야 하는데 왜 아무 소식이 없지?'와 같은 마음이 드는 것이다. 그러면서 '괜히 해줬나?' 후회되고 내 뜻대로 움직여주지 않는 그 사람이 서운하고 미워지기까지 한다. 생각해보면 얼마나 어이없는 일인가? 좋은 마음으로 시작해서 미움으로 끝이 나니…. 이게 바로 금강경에서 말하는 머무는 마음이다. 보답을 바라는 마음 때문에 지치고 인간관계가 힘들어지는 것이다.

생각에 속지 마라

《금강경》에는 삶에서 사람들을 대할 때 내가 어떤 마음을 먹어야 하는지에 대한 지침이나 지혜를 주는 말뿐 아니라, 속지 않는 비법에 대한 글도 많다.

《금강경》에서 내가 간직하며 외는 구절은 '무릇 있는 바 상은 모두 허망하니, 만약 모든 상이 상 아님을 알면 여래를 보리라(범소유상 개시허망 약견제상비상 즉견여래, 凡所有相 皆是虛妄 若見諸相非相 卽見如來)'라는 구절이다. 이는 보고 듣고 냄새 맡고 맛보고 만지고 생각한 것들의 겉모습에 속지 말라는 것이다. 내가 보고 들은 것이 사실이라고 우기거나 그것의 실체가 있다고 착각하며 남들과 대립하지 말라는 것이다. 그러면 본래의 진실된 존재가치와 만날 수 있다는 뜻이다.

어느 스님의 법문에서 들은 이야기이다. 스님들이 절에 모여서 공부하는 강원 생활을 할 때인데, 누군가로부터 아주 좋은 만년필을 선물로 받으셨다고 한다. 그런데 애지중지 아끼던 만년필이 어느 날부턴가 보이질 않았다. 어디서 잃어버렸을까? 곰곰이 생각해보니 마지막으로 그 만년필을 썼던 당시에 맞은편에 있던 스님이 펜을 눈여겨보던 장면이 떠올랐다.

그 한 생각이 딱 일어난 이후로는 그 스님이 만년필을 훔쳐 간 도둑으로 보여 그분이 무슨 행동을 하든지 다 도둑으로 보였다. 웃을 때도 왠지 음흉해 보이는 것이 영락없는 내 만년필 도둑이었다. 그로부터 며칠 후 옷장 속에 넣어둔 바랑을 들다가 만년필이 툭 떨어졌다. 어쩌나 미안하던지…. 그 후에 다시 그 스님을 보는데, 웃을 때나 말할 때나 어쩌나 사람이 좋아 보이던지….

그 스님은 아무 일도 하지 않으셨는데 혼자서 착각하고 의심하고 미워한 것이다. 스님은 똑같은 스님인데, 내 생각 속에서 그분은 만년필 도둑이 되었다가, 세상 좋은 스님이 되었다. 이 얼마나 어처구니없고 기만스러운 일일까?

《금강경》은 이렇게 미혹한 생각에 빠져 짐작하고 단정 짓지 않도록 나를 도와준다. 마치 팩트가 아닌 것은 다 무찔러서, 있는 건 있게 하고 없는 건 없게 하는 팩트 폭격기와 같다고 할 수 있다.

너와 나의 울타리가 없는 삶

인생의 거의 대부분의 괴로움은 대립에서 온다. 나 스스로와 화해하지 못하고 대립하는 경우도 많지만, 남과 조화를 이루지 못하고 대립하는 경우도 상당히 많다. 대립을 다른 말로 마음의 울타리라고 표현해보자. 나라는 견고한 틀이 있으면 반드시 영역이 생기고 그 틀 안과 밖의 울타리가 쳐지게 마련이다. 《금강경》은 나라는 틀 자체가 허망한 것임을 일깨워주는 경전이라서 읽으면 읽을수록 나와 너의 울타리가 없는 안심되고 평화로운 삶을 가능케 한다.

Tip
'응무소주 이생기심(應無所住 而生其心)'
'마땅히 머문 바 없이 그 마음을 내라'

셀프 칭찬, 셀프 사랑,
셀프 감사를 하라

마음을 나누기 위한 세 가지 질문

다양한 분들과 오래도록 마음나누기를 하면서 그분들께 내가 꼭 던지게 되는 질문이 세 가지 있다.

- 나는 누구인가?
- 나의 강점은 무엇인가?
- 내가 원하는 것은 무엇인가?

이 세 가지 질문은 나 자신에게 늘 던져왔던 질문이고 무척이나 중요한 질문이라 생각되어 참여자분들에게 과제를 내드리면, 의외로 이 질문에 대해 답변하기를 어려워한다. 왜냐하면 살아오면서 스스로에게 이런 것들을 물어본 적이 드물기 때문이다.

바삐 살기는 하는데, 뒤처지지 않으려고 발버둥 치며 열심히는 사는데, 정작 내가 누구인지, 내 강점은 뭔지, 내가 원하는 게 뭔지는 건너뛰는 경우가 많다. 그걸 주제로 대화라도 할라치면 흔히 돌아오는 반응이, "먹고 살기 바빠 죽겠는데 한가하게 그런 거 생각할 겨를이 어딨냐? 팔자 좋다!"라든가, "너무 무겁게 살지 마라." 라는 반응이 대체적이다.

그럴 때 나는 이런 생각이 든다. '무거움을 회피하는 게 아니라 삶의 가벼움을 회피하는 거 아닌가?'

과거를 그리워하며 사는 그녀

J는 본디 참 매력적인 사람이다. 외모는 말할 것도 없고, 명석한 두뇌와 뛰어난 열정 그리고 학식까지 겸비한 그녀! 다양한 프로젝트를 경험했고, 능력도 인정받았던 그녀는 남들이 흔히 갖기 어려운 매우 파격적인 대우를 받으며 일했었다. 그렇게 결혼 전에 자신의 기량을 맘껏 발휘하며 왕성한 활동을 한 재원이었던지라 남부러울 것 없었고, 자신의 미래 또한 영원히 파란불일 것만 같았다. 그런데 늘 자신감 넘치게 통통 튀던 그녀의 모습은 결혼생활 10년 차가 되어가면서 오간 데 없이 사라져버리고, 어느날 이렇게 이야기하는 것이었다.

'그때는 참 행복했는데 지금은 불행해요. 전혀 행복하지가 않

아요. 그때가 정말 좋았는데…. 과거로 돌아갈 수도 없고, 사는 낙이 없네요.'

과거를 그리워하는 건 어쩌면 인지상정이다. 그리움 자체가 나쁜 건 아니니까! 다만, J처럼 자신의 과거 모습과 지금의 모습을 비교하면서 '그때는 행복했는데 지금은 불행하다'라고 느낀다면 비교가 시작된 그 순간부터 이미 지옥에 살고 있는 것과 같다. 우리가 지나온 시간들, 즉 과거의 어느 한순간도 없었다면 지금은 없다. 지금을 있게 해준 '고마운 과거'로 과거를 그리워한다면, 오늘을 사는 또 다른 힘이고 원동력일 수 있다. 그런 의미에서 과거는 오늘과 분리될 수 없는, 오늘의 다른 이름인 과거 그 자체로 소중한 것이다.

자유는 마음에서 오는 것

자신의 능력을 맘껏 펼치던 때를 뒤로하고, 결혼을 선택해서 일을 쉬는 지금, 그녀가 느끼는 아쉬움에도 공감을 한다. 그때는 무척 자유로웠는데 지금은 육아다, 워킹맘이다 많은 것들에 구속을 받고 있는 것 같으니 자유로웠던 그 시절이 더 그립기도 할 것이다. 그런데 나는 지금의 상황이 어떠하든 자신의 내면의 힘이 길러지면 자유로울 수 있다고 생각한다. 자유는 신체에서보다 마음에서 먼저 오기 때문이다. 그녀가 과거를 그리워하는 것에는 오늘 현재 행복하지 못한 것뿐만이 아니라 다른 안타까운 이유가 있었다.

어느 날 J는 "왠지 자꾸만 속아서 결혼한 듯한 생각이 들어요. 처음엔 이렇지 않았는데 시간이 갈수록 자꾸만 시댁 식구들이 저를 속이는 것만 같아요. 그런 생각이 떠나질 않으니 관계는 계속 불편해지고요. 저는 정말 하느라고 하는데 돌아오는 건 책망뿐이니, 자꾸만 제가 작아지는 듯한 느낌에 자존감이 바닥을 쳐요. '나 유능했던 사람인데…, 나 한때는 전도유망한 인재였는데, 내가 왜 이렇게 됐지?' 하는 생각이 들고, 결혼하고 애 키우면서 마치 제가 바보가 되어가는 거 같아요."라고 속마음을 꺼냈다.

시댁에서 받는 푸대접과 남편의 무관심, 쌓여가는 불만족들까지. J 자신의 표현을 빌자면 그야말로 총체적 난국이었다.

자기를 살리는 세 가지 셀프 처방

내가 느낀 J의 문제점은 시댁도 남편도, 또 무뎌지는 결혼생활도 아니었다. 그녀에게 필요한 것은 그녀 자신에 대한 사랑, 자신감, 스스로와의 관계 회복이었다. 그래서 나는 J에게 '세 가지 셀프 처방'을 제안했다. 그것은 바로 셀프 칭찬, 셀프 사랑, 셀프 감사였다. J는 나에게 그런 닭살돋는 짓을 어떻게 하느냐고 반문했지만, 나는 '일기'로 쓸 것을 권했다. 일기는 나만 보고, 나에게만 주는 글이므로 얼마든지 닭살 행각이 가능하다.

내가 나에게 이렇게 얘기해주자.

하루에 한 줄도 좋고, 두 줄도 좋다.

○○아, 너 정말 멋있어!

○○아, 너 정말 잘했어!

○○아, 난 니가 너무 좋아.

넌 정말 매력적이야.

난 널 만나서 너무 좋아.

난 널 사랑해!

고마워! 오늘도 이렇게 잘 살아줘서. 그리고 네가 너여서!

실수해도 괜찮고, 결과가 안 좋아도 괜찮아.

첫술에 배부르랴! 시도했던 스스로를 칭찬하자. 뭔가를 구상하고 진행시키며 실현하려 노력한 자신을 칭찬하자. 그리고 사랑하고 감사하자!

남으로부터 인정받고 싶고 남의 칭찬에 목마른 이유는 스스로에 대한 믿음이 부족하고 심리적으로 안정되어 있지 않기 때문이다. 나 스스로에게 심리적으로 안정이 되면, 그 안정감에는 자기만족과 감사함과 스스로를 사랑하는 마음, 스스로를 신뢰하는 마음들이 기반이 된다.

그러면 현재 불편한 주변의 인간관계들, 가족관계일 수도 있는 것들이 부드럽게 풀릴 수 있다. 아니면 설령 현상적으로 매끄럽게 그리고 만족스럽게 풀리지는 않아도 그 대상에 대한 내 마음이 이미 조금은 더 편안해져 있게 된다.

그래서 그전에는 눈에 안 보이는 감정싸움으로 에너지를 소모하느라 심리적으로 불편해서 좋은 해결방안이 떠오르지 않다가, 심리적으로 안정이 되면 지혜로운 방도가 떠오르기 훨씬 쉽다.

이미 내 안에 가지고 있는 것을 꺼내 쓰는 것이 셀프 처방이다

셀프 처방1. 스스로를 칭찬하라

스스로를 칭찬하면 칭찬에 목마르지 않은 사람이 되게 해준다.

셀프 처방2. 스스로를 사랑하라

스스로를 사랑하면 사랑을 갈구하지 않는 사람이 되게 해준다. 더 나아가 사랑을 나눠주는 따뜻하고 넉넉한 사람이 되게 해준다.

셀프 처방3. 스스로에게 감사하라

스스로에게 감사하는 자세가 습관이 되면 자연스럽게 남에게도 감사할 줄 아는 인간, 또 사소한 일에도 감사하는 사람이 되게 해준다.

셀프 칭찬과 셀프 사랑과 셀프 감사는 이미 다 갖고 있는 것을 스스로가 일깨움으로써, 놓치고 있던 걸 놓치지 않고 내 것으로 잘 간직하게 돕는 수단이다. 뭘 더 얻어야 되는 게 아니다. 이미 다 갖고 있다. 그런데 우리가 그걸 자꾸 잊을 뿐이다.

내가 나를 굉장히 매력적으로, 아름답고 멋지다고 여기는 게 중요하다. 남이 먼저가 아니라, 내가 나를 누구보다 신뢰하는 게 가장 우선이다. 내가 나를 신뢰하면 부족감을 덜 느끼고, 덜 서운하고, 덜 상처 입고, 덜 원망하고, 덜 질투하게 된다. 그런데 그게 안 돼 있으면 그냥 지나갈 수 있는 말도 고깝게 들리고, 괜히 '나를 무시해서 저런 말 하나?' 싶다. 큰 의미 없이 한 말인데, 내가 나를 믿지 못하니까 남도 나를 인정 못 하고 믿어주지 않는 것처럼 들린다. 그러니 모든 발단은 내 쪽에서다. 나로부터이다.

셀프 처방대로 잘 하기 위해서는 우선 나 자신에 대해서 잘 알고, 내가 나를 믿어야 한다. 그래서 내가 나를 사랑하게 되고, 내가 원하는 것들을 마음껏 해나가는 게 마음나누기 공부의 핵심이다.

스스로에게 가졌던 자기 신뢰, 자신을 사랑하던 마음, 당당함을 회복하면 좋겠다. 이 같은 일이 몸에 배면, 마음의 근육은 물론이고 인생을 살아가는 힘도 붙는다.

하루 5분이면 완성하는
치유의 트레이닝

감정의 소용돌이에서 나를 구출하기

안 되는 줄 알면서 나도 모르게 충동적으로 나오는 습관들이
있기 마련이다. 한순간의 충동을 참지 못하고 내뱉은 폭언이나 폭
행으로 마음의 거리가 십만팔천 리 멀어지거나 둘 사이에 건널 수
없는 강이 생기는 경우도 있다. 그러지 않기 위해 감정에 소용돌
이가 일거든 '딱!' 멈출 수 있는 하루 5분 트레이닝을 시작해보자.

나에게 건네는 '다 괜찮아'의 시간

하루 5분 트레이닝을 하는 방법은 간단하다. 하루를 마감하는
시간에 내 몸과 마음을 바라보며 나를 진솔하게 대하는 시간을 갖
는 것이다. 오늘 하루 나의 마음이 어땠는지, 행복했는지, 우울했

는지, 땅속으로 꺼지고 싶었는지, 폭발할 것 같았는지 등 내 마음을 읽어주고, 있는 그대로 들여다보며, 나 자신을 위로해주는 것이다.

일기를 쓰거나 짧은 메모를 하면서 그날 느낀 감정을 다양하게 적고는 그 감정을 있는 그대로 봐주며 '다 괜찮아'라고 말해주자.

그런 다음, 그 감정을 느낀 이유를 생각해보자. 그러나 때로는 감정의 이유를 알 수 없는 때가 있을 것이고, '셀프 토닥'으로도 위로와 공감이 채워지지 않을 때가 있을 것이다. 그래도 있는 그대로 '다 괜찮아'라고 말해준다. 특별한 이유 없이 때로는 날씨 때문에, 때로는 퇴근길에 그냥, 때로는 갑자기 옛 생각이 나서 우리는 폭풍 같은 감정의 소용돌이에 빠지기도 한다. 그럴 때마다 이유를 찾으려 한다면 얼마나 피곤한가? 그러니 나에게 그저 '다 괜찮아'를 건네기를 권한다. 세상에 나쁜 감정은 없다. 마음을 토닥여주면 괜찮아질 것이다.

치유의 트레이닝을 위한 체크포인트
어떤 감정에 빠졌든 치유를 위한 방법은 동일하다. 그 단계를 소개한다.

오늘 내 몸 상태는 어떠한가
묵직하다, 지끈거린다, 멍하다, 피곤하다, 상쾌하다, 가볍다, 축

처진다, 경직된다, 뻣뻣하다, 어지럽다, 열난다, 긴장된다, 두근거린다, 찌릿찌릿하다, 꽉 막힌다, 입이 바짝 마른다, 가슴이 철렁한다 등으로 자신의 몸 상태를 일기나 메모에 표현해 본다.

오늘 내 마음은 어떠한가

열 받는다, 짜증 난다, 억울하다, 속상하다, 비참하다, 당황스럽다, 약 오른다, 걱정스럽다, 두렵다, 괴롭다, 멍하다, 실망스럽다, 난감하다, 울컥한다, 슬프다, 외롭다. 섭섭하다, 공허하다, 창피하다, 신경 쓰인다, 허전하다, 떨린다, 긴장된다, 불안하다, 부담스럽다, 조마조마하다 등 오늘 느낀 감정을 표현해 적는다. 그리고 그 감정을 느끼게 된 원인을 적는다.

셀프 토크와 셀프 토닥

내 몸 상태를 적고, 내 감정(마음)과 그 감정이 일어난 원인을 적었다면, 나 자신에게 해주고 싶은 말을 적어보자. '셀프 토크'로서 자신에게 하고 싶은 말을 아낌없이 풀어놓는 것이다. 그런 뒤에는 앞에서 말했던 '다 괜찮아. 다 지나갈 거야.'의 시간을 갖는다. 마음의 근육은 이렇게 스스로를 챙기는 일에서부터 길러진다.

감정의 소용돌이에서 나를 지켜주는 심호흡과 명상

짜증 나거나 화날 때, 마음이 불안하거나 걱정스러울 때는 깊게 숨을 들이쉬고 내쉬면서 마음의 평온을 찾아보자. 밀물과 썰물이 번갈아 들어오고 나가듯이 들숨과 날숨을 자연스레 반복한다. 들이쉬는 숨과 함께 편안함과 밝음이 들어오고, 내쉬는 숨과 함께 힘들고 불편한 마음이 모두 빠져나간다고 상상해보자.

심호흡과 명상 또한 치유의 기본이 되는 트레이닝이다. 이 방법은 마음이 괴로울 때 언제나 어디서나 할 수 있다. 특별한 때에 특별한 곳에서만 하는 게 아니라 집, 사무실, 지하철, 버스, 강의실 등 어디서도 할 수 있다. 언제 어디서나, 감정과 생각을 그때그때 실시간으로 조절해보자.

먼저, 시선을 내면으로 돌려 자기 자신을 바라본다. 일상에서, 다양한 장소에서, 다양한 자세로, 모든 상황에서 할 수 있다. 조용히 앉아서 할 수도 있지만, 움직이면서도 생활 속에서 얼마든지 할 수 있다. 걸으면서 하는 것으로 시작해 책상에 앉아서 일할 때도, 줄 서서 기다릴 때도, 청소나 설거지 등 집안일을 하면서도 할 수 있다. 몇 가지 요령을 소개한다.

반드시! 반드시! 척추 펴기

언제 어디서 하든 가장 중요한 것은 척추를 곧게 펴는 것이다. 의식적으로 마음을 고요하게 하고 비워줌으로써 자신의 상황과 문제들로부터 자유로우면서도 해결할 수 있는 능력을 길러준다.

방바닥에 앉아서 하기

엉덩이를 바닥에 대고 앉았을 때 베개 사이즈의 작은 방석이나 담요 접은 것을 뒷방석으로 사용해 엉덩이를 받치면 등을 곧게 펴기가 훨씬 수월하다. 큰 방석 뒤쪽을 접어서 앉아도 좋다. 뒷방석이 높으면 허리에는 편하고 무릎에는 무리가 간다.

의자에 앉아서 하기

의자에 앉아서 할 때는 상체를 등받이에 기대지 말고 엉덩이를 의자에 댄 다음 허리를 곧게 편다. 두 발은 바닥에 붙이고 무릎이 직각이 되게 한 뒤 다리를 골반 넓이로 벌린다. 발목과 무릎, 무릎과 상체가 모두 수직이 되게 한 뒤 양쪽 어깨를 귀까지 들어 올렸다가 툭 떨어뜨린다. 그다음 턱을 살짝 몸쪽으로 당기고 시선은 정면 내지는 약간 아래를 향해서 시선이 전방 2~3미터 바닥으로 향하게 한다. 혀끝은 윗니 뒤쪽 입천장에 댄다.

선 채로 야외에서 하기

잔디밭, 광장, 공원 등 발 딛고 서 있는 곳이라면 그곳이 어디든 다 좋다. 산꼭대기는 물론이고, 해변의 모래사장, 숲속 나무 아래, 수영장에서도 맨발로 서서 할 수 있다. 쏟아지는 햇살을 받으며 맨발로 흙이나 잔디를 밟고 서서 해보자.

걸으면서 하기

걸으면서 할 때는 바르게 걷는 자세가 중요하다. 걸음을 주의 깊게 관찰하면서 걸어본다. 체중이 발꿈치로 옮겨가면서 몸이 앞으로 나아가 발바닥 전체가 땅에 닿는 느낌에 주의를 기울여본다. 한 발 한 발 내딛는 자체가 얼마나 기적인지 느껴본다. 걸으면서 하면 운동효과까지 겸할 수가 있어 일석이조다.

누워서 하기

바닥에 담요나 매트를 깔고 바닥에 등을 대고 눕는다. 무릎을 세우고 발바닥은 바닥에 댄다. 이때는 척추를 곧게 뻗는 게 중요하다. 그리고 다리를 골반 넓이로 자연스레 벌린다. 다리에서 힘을 쭉 빼서 양쪽 발이 바깥쪽으로 자연스레 기울게 한다. 팔은 양쪽 골반과 20센티미터 정도 간격을 두고 곧게 편다. 손바닥이 위로 향하게 한 상태에서 손의 힘을 뺀다. 머리는 바닥에 편하게 댄다. 얇은 담요나 베개를 사용해도 된다. 다만 높이가 너무 높으면 좋지 않다. 부드럽게 눈을 감고 긴장을 풀며 수식관을 한다.

어떤 생각이 떠올라도 흘려보내기

명상 중에는 아이디어가 정말 많이 떠오른다. 그러나 어떤 생각이 떠오르더라도 끌려가거나 붙잡지 말고 그냥 흘려보낸다. 중간에 잡념 때문에 세던 숫자를 잊어버리는 경우가 빈번히 발생할 것이다. 그럴 땐 어디까지 했는지 굳이 기억하려 하지 말고, 다시

1부터 숫자 세기를 시작한다.

실제 호흡 명상을 해보면 하나부터 열까지 1세트를 온전하게 하기도 결코 쉽지 않다는 것을 알게 된다. 끊임없이 다른 생각과 감정, 몸의 영향을 받아 의식이 흩어지고 집중이 깨질 수 있기 때문이다. 그렇다 하더라도 너무 조급하게 생각하지 말자. 꾸준히 하는 것이 중요하다. 빨리 무언가를 이루려는 조급성은 내려놓아야 한다.

주먹 쥐기로 위기 넘기기

소리 지르기, 싸우기, 욕하기, 물건 부수기 같은 일상에 문제를 일으키는 행동을 하려는 충동을 잠시 멈추고 주먹을 3~5회 연속으로 '잼잼'하듯 세게 쥐어본다. 중간에 주먹을 풀지 않는다. 천천히 숨을 깊게 2~3회 길게 쉬면서 쥐었던 주먹을 풀어준다.

《법구경》에는 이런 문구가 있다.

"자기 자신을 사랑한다면 자신에 대해서 늘 살펴라."

"지혜 있는 사람은 하루에 세 번 자기 자신을 살핀다."

화가 나거나 마음이 복일 때 《법구경》의 이 문구를 떠올리면서 상황에 맞는 치유의 방법을 써보길 권한다.

잠들기 전 임종연습

몇달 전에 돌아가신 스승님께서 생전에 하신 방법이다. 20여년 전에 알려주신 그날부터 나도 따라하고 있다.

잠자리에 편안히 누워 '이제 나는 죽는구나'를 읊조려 본다. 그러면 자연스럽게 내가 집착하고 있는 대상들, 생각들로부터 내 마음이 편안해짐을 느낄 수 있다.

자식에 대한 애착심도, 돈에 대한 집착심도 죽는 순간에는 아무 의미가 없음을 알게 된다. 내가 가져갈 것은 아무 것도 없으며 진짜로 중요한 게 뭔지를 알게 된다. 진짜 중요한 걸 알기 때문에 진정으로 내가 원하는 것도 알게 된다.

매일 밤 죽는 연습을 해보자. 고마워해야 하는 이가 누구인지, 사과해야 할 이가 누구인지도 저절로 알게 된다. 다 용서가 되고 다 고마워진다. 매일 밤 죽고 매일 아침 새로 태어나며, 지금 이 순간을 사는 힘을 길러보자.

직관하고
바라보기

내 곁의 '시간 도둑'

나는 6년 전에 허리디스크가 터졌다. 수술 안 하고 보존치료를 해왔기 때문에 앉은 자세로만, 혹은 서 있는 자세로만 '한 자세'로 오래 있으면 곤란하다. 수시로 앉았다 섰다를 반복하며 자세를 바꿔줘야 허리에 무리가 없다. 중력을 받지 않고 누운 자세나, 엎드려서 상체를 올리는 코브라 자세는 일과 중에도 필수인데, 그걸 챙기기가 쉽지 않다. 그래서 상황이 될 때마다 잠깐씩이라도 허리를 펴려고 눕거나 엎드린다. 아무것도 하지 않고 그저 누워서 호흡을 가다듬고 생각을 쉬기도 하고, 누워서 골반운동을 하는데, 잠깐 하는 것만으로도 몸과 마음에 도움이 된다.

그날도 책상 의자에 장시간 앉아있다가 허리를 펴려고 잠시 누웠다. 그런데 폰에서 알람이 울렸고, 알람을 끄느라 누운 채로 핸드폰을 만지고 말았다. 핸드폰을 쥐었다 하면 이건 벌써 게임 끝이다. 카톡, 인스타그램, 유튜브 등등 내 시간을 가져가는 게 너무나도 많다. 알고리즘이 뿌려주는 대로 이끌려 계속 보다 보면 나도 모르게 스마트폰에 빠져들게 된다.

허리를 편다고 잠시 누웠다가 몸을 일으키면서 시계를 보았을 때 20분이나 지났을까 했는데 무려 2시간이나!!! 너무 황당하면서도 시간을 도둑맞은 기분이 든다. 그런데 냉정하게 말하자면, 그 시간 도둑은 바로 나 자신이다. 모처럼 여유를 즐길 수 있는 기회가 와도 폰을 들여다보며 시간을 뺏기기 일쑤고, 어떤 면에서는 시간을 도둑맞을 준비를 하며 살기도 하니 말이다. 도둑을 곁에 두고, 키우며 살고 싶은 사람이 과연 있을까?

번아웃된 뇌를 되살리는 '멍때리기'의 힘

시간을 잡아먹는 주요 요인인 스마트폰이 없던 시절에는 대중교통을 이용하는 시간이 곧 멍 때리는 시간인 경우가 많았다. 그런데 요새는 버스나 지하철 안에서도 그냥 멍 때리고 있는 사람을 찾기가 쉽지 않다. 복잡한 머릿속을 비우기 딱 좋은 타이밍인 걷는 도중에도 스마트폰을 들여다보기 일쑤이다. (오죽하면 횡단보도 바닥에 설치된 신호등도 나왔을까?) 아파트 단지 내나 빌딩 흡연 구역에서 담배를 태우는 분들도 예전에는 하늘을 보거나 그냥 앞을 주시하며 담배 연기를 길게 내뿜으며 뭔가 긴장을 풀거나 시름을 덜며 잠시 동안의 여유를 누리는 것으로 보여졌다. 그런데 요새는 대부분 한 손에도 담배 개비를, 또 다른 손에는 스마트폰을 보며 담배를 피우는 모습을 많이 보게 된다.

지하철을 타도, 계단을 오를 때도, 화장실 볼일을 보면서도 스마트폰 때문에 머리가 쉴 틈이 없다. 끊임없이 눈으로 들어오는 정보가 차고 넘친다.

그래서 가끔은 '멍때리기'로 뇌에 쉴 틈을 줄 필요가 있다. 간혹 멍을 때리다가 '반짝!' 하면서 머리에 형광등이 켜지고 좋은 아이디어가 떠오르는 경우가 많다. 그 이유는 멍 때리면서 뇌가 아무런 활동을 하지 않을 때, 뇌의 특정 영역인 '디폴트 모드 네트워크(DMN)'가 활성화되기 때문이다. 이 DMN은 뇌에 외부 자극이 없을 때 활발히 활동하는데, 이때 집중력과 창의력이 높아진다고 한다.

나는 멍 좋아하는 멍쟁이

스트레스 해소법의 하나로 자리잡은 멍때리기는 이제 대회까지 열리고 있다. 3년 만에 재개되었던 '한강 멍때리기 대회'는 90분 동안 아무런 말이나 행동을 하지 않고 가만히 있는 것이었다. 아무것도 하지 않으면 뒤처지거나 무가치한 것이라는 통념을 지우고자 시작됐다고 한다. 멍때리기는 숲으로 나가 자연에 몸을 맡기는 산림욕과 비슷해서, 숲을 직접 찾아가지 않고 자연의 풍경을 보면서 멍 때리는 행동만으로도 뇌를 진정시킬 수 있다고 한다.

불을 보면서 하는 '불멍', 물을 바라보는 '물멍', 달을 바라보는 '달멍' 등 그 종류도 다양하지만, 내가 좋아하고 자주 하며, 적극 권하는 멍은 바로 하늘멍과 물멍이다. 캠핑 때 빠지지 않는 불멍은 일상에서 자주 하기는 어려우니, 향초를 켜고 바라보는 걸 추천한다.

나는 학창 시절부터 하늘 보기를 워낙 좋아했다. 여고 때 기억나는 장면이 있는데 아침 등교 시간에 정거장에 가려면 해를 등지고 걸어야 했다. 싱그러운 아침, 선물 같은 하루가 열렸음에 벅찬 가슴을 안고, 해를 바라보며 걷고 싶은데, 해가 내 뒤에 있는 것이었다. 눈은 부시지만 나는 해를 껴안고 싶었다. 그래서 바쁜 등굣길에도 뒤돌아서서 해를 향해 두 팔을 크게 벌리고, 해를 맞이하며 해를 안았다. 그 밝음을 내 안에 가득 채우고 밝은 미소를 지으며 정거장까지 뒷걸음으로 걷곤 했다. 친정집 버스 정거장을 지날 때면 가끔씩 교복을 입고 두 팔 벌려 해를 안고 뒤로 걷던 여고시절의 내가 보인다. 그만큼 해를 좋아하고 하늘을 좋아했다. 그래서 지금도 하루에 열 번 정도는 하늘을 올려다본다. 수시로 하늘을 보고 하늘사진을 찍으며 마음에 담는다.

여기서 이러시면 안 됩니다!

하늘멍 다음으로 좋아하는 게 바다멍이다. 대학 시절 방학 때 겨울바다가 보고 싶어 홀로 기차를 타고 대천 앞바다엘 갔다. 그래! 겨울엔 바다지! 너무 아름다웠다. 정오를 향해 가는 오전의 태양이 수면 위에 부서지며 보석처럼 빛나는데, 그 모습이 어찌나 황홀하던지…. 나는 빛나는 바다를 바라보며 그 자리에서 꼼짝을 안 하고 (나중에 보니) 3시간가량을 앉아있었다(이십대 초반 그 시절만 해도 방광이 튼튼했나 보다. 지금은 화장실을 너무나 자주 가는데 그땐 몇 시간 동안이나 화장실 갈 생각도 안 났다). 누군가 다가와서 쫓겨나지 않았다면 나는 그 자리에 계속 있었을 것이다.

분명 그 바다엔 오로지 나뿐이었다. 여길 둘러봐도 저길 둘러 봐도 한 사람도 보이지 않았었다. 몇 걸음만 걸으면 바닷물을 밟을 수 있는 모래사장에 철퍼덕 반가부좌를 틀고 앉아 허리를 펴고 그대로 바다만 바라보고 있었다. 주변도 잊은 채, 한 자리에서 긴 생머리의 여대생이 3시간을 꼼짝없이 바다만 바라보고 있자니 보초를 서던 군인들이 총을 메고 다가왔다. 총도 무서웠지만, 어디서 나타났는지, 멀리서 나를 계속 지켜보던 사람들이 있었다는 사실이 더 소름 돋았다.

"아가씨! 여기서 이러시면 안 됩니다. 무슨 일이 있었는지 모르지만, 위험합니다. 어서 여기를 떠나십시오."

엥? 이건 무슨 시츄에이션??? 마치 인드라망에 달린 보석들처럼 바다에서 가득히 빛나던 보석들에 몇 시간 동안 눈길을 주고 있자니 선글라스도 끼지 않아 눈이 많이 부셨다. 행여 내가 바닷속으로 들어갈까 나를 예의주시하며 노심초사했을 군인들에게 괜스레 미안한 마음에 나는 그들을 위해서라도 얼른 자리를 떠야 했다.

그런데 내 기억에 나는 그때 아마도 입을 열지 않았던 거 같다. 바다를 한참 동안 보고 있었더니 고요함이 내 안에 물들어서일까, 침묵을 깨고 싶지 않아 입을 떼지 않고 군인들에게 목례만 했던 거로 기억된다.

경계가 없어지는 경험

내가 이렇게 하늘멍을 좋아하고 바다멍을 좋아하게 된 계기는, 아마도 멍을 때리다 보면 경계가 사라지는 경험을 할 수 있었기 때문이다.

그때 대천에서 하늘을 보고 바다를 보다가 눈을 감기도 하고 뜨기도 하면서 계속 바다를 보고 있자니, 역시나 하늘과 바다의 경계가 모호했다. 그로부터 5년이 흐른 1998년, 내 나이 스물여덟 초봄에 나 홀로 배낭 메고 전국여행을 즐기고 있었다. 집 떠난 지 열흘째 되던 날 아침에, 나는 해남 대흥사를 출발해 완도에서 배를 타고 제주에 가려는 중이었다. 배 시간이 좀 남아서 명사십리 해변을 갔더니 백구 한 마리와 나뿐이었다. 모래사장을 맨발로 걸으며 무척이나 평화로움을 느꼈던 추억은 지금도 가끔씩 힘들 때 꺼내 보기 좋은 나만의 비타민이다.

자투리 시간을 명사십리에서 보내고 완도항으로 돌아와 제주행 배에 올라탔다. 날씨는 화창하기 그지없고 마침 배 갑판 위에는 아무도 없었다. 배의 속도가 있다 보니 갑판에서 맞는 바람은 얼굴을 도려내는 수준의 칼바람이었다. 목도리를 얼굴까지 감고 나는 누워서 하늘을 보기도 하고, 서서 수평선을 바라보며 완도에서부터 제주에 갈 때까지 3시간 반을 하늘을 보며, 정확히는 수평선을 보며 갔다. 지금으로 치면 바다멍, 하늘멍이었던 셈이다.

바다와 하늘의 경계가 느껴지지 않던 그때의 강렬한 기억!

평소 '너와 내가 따로가 아니다', '나와 너는 한 생명이다', '생명에는 울타리가 없다', '나와 너 사이에 울타리가 없다'는 법문들이 그 수평선에서 한꺼번에 흡수되는 느낌이었다. "아!" 하는 탄성과 함께 그냥 그 법문들이 저절로 이해가 되었다. 바다와 하늘의 경계는 어디인가? 어디까지가 바다이고 어디부터가 하늘인가? 바다와 하늘을 나눌 수 있는가? 적어도 바라다보이는 수평선에서는 바다와 하늘을 나눌 수가 없었다. 둘 사이에 경계가 없었다. 울타리가 없었다.

갑판 위에서 세 시간 넘게 바닷바람을 맞으며 고정된 실체로서의 내가 없음을 느끼다 보니, '나'라는 걸 우겨서 '너'와 대립하고 부대끼며 살고 있는 나를 마주할 수 있었다. 어떤 문제나 힘겨움의 원인이 상대방에게 있는 게 아닌데, 나와 상대방을 둘로 나누고 저쪽에게 원인이 있다고 착각하는 내가 문제였음을 하늘멍 덕분에 깨달았다. 그때의 소중한 경험으로 지금까지 하늘 보기를 좋아하는 것 같다.

번뇌로 머리가 복잡할 때 하늘을 올려다 보면 언제나 그렇듯이 '아!' 하면서 무한성이 느껴지고, 동시에 나라는 경계가 지워짐을 느낀다. 그러면서 나를 가두었던 생각의 틀에서 벗어나 자유로워지고, 방금 전까지의 복잡했던 머릿속이 정리되면서 마음은 더욱 가벼워진다. 내게 있어 하늘멍은 자유로워지는 지름길이다.

나의 생각을 쉬고 멍때리기를 연습하다 보면, 내 기준의 판단과 내 잣대의 평가로 나와 남을 자유롭지 못하게 옭아맸던 어리석음에서 벗어나, 나에게 다가오는 모든 현상적인 것들을 있는 그대로 바라보게 되고 인연을 받아들이는 마음의 힘이 자라난다.

생각을 쉬고, 있는 그대로 바라보기(직관) 위해
멍쟁이가 추천하는 하루 멍루틴

스트레스를 받아 힘들다고 고민을 털어놓는 이들에게 나는 가장 쉽고, 누구나 할 수 있는 '멍루틴'을 소개해준다. 대단한 준비를 해야 하는 것도, 대단한 훈련을 미리 쌓아야 하는 것도 아니라서 추천 후기가 아주 좋다. 내가 추천하는 가장 편하고, 누구나 하기 쉽고, 효과가 좋은 멍루틴은 '최소 하루 세 번 이상 하늘 보기'다. 각자 처한 상황에 따라 다양하고 어느 곳, 어느 상황에서도 할 수 있으므로 각자 취향에 맞게 해보길 권한다.

아침에 일어나서 가장 먼저 하늘 보기

집의 구조가 베란다나 창문을 통해 '하늘 보기'가 가능한 조건이라면, 아침에 일어나서 하늘을 바라보고 기지개를 켜보자. 해뜨기 전이면 달이 떠 있을 수도 있고, 별이 보일 수도 있다. 나는 기지개를 켜고 나면 자연스레 합장을 하고 "감사합니다"를 읊조린다. 어둡더라도 하루 시작을 하늘을 올려다보며 '감사하기'로 습관 들여보면, 마음이 조금은 넓어짐을 경험할 수 있다. 하늘 보기로 하루를 시작하며 내 마음의 크기를 하늘과 같이 바다와 같이 자꾸자꾸 넓게 가지고 살아보자!

아침에 집을 나서며 하늘부터 보기

시간에 쫓겨 앞만 보거나 바닥만 보며 걷지 말고, 집을 나서면 일단 하늘부터 올려다보고 심호흡을 하며 일터로 향해보자.

점심 식사 후 하늘보기

식사를 하고 나서 곧바로 사무실로 들어오지 말고 차 한 잔 들고 하늘 보기 좋은 곳으로 가보자. 하늘을 보며 잠시 걸을 수 있다면 더더욱 좋다.

근무 중에 잠시 하늘 올려다보기

잠깐의 여유. 휴게실 창가여도 좋고 건물 옥상이어도 좋다. 하늘을 볼 수 있는 곳이라면.

하늘을 보며 5분이라도 걸을 수 있다면 더더욱 좋다.

이 세 가지 말고도 자기 개성껏 하늘 보기를 찾아 할 수 있다.

멍루틴에서 최고봉은 음악을 듣거나 지는 해를 보는 일일 것이다.
나는 개인적으로 일몰 보는 것을 가장 좋아한다. 지는 해는 바다
가 최고다. 멍 루틴의 다른 버전도 소개한다.

음악 들으며 멍하기

음악은 마음을 고요히 하기 위해 가만히 앉아있을 때 도움이
된다. 멍하기가 잘 안 되고 오히려 딴생각에 끌려가는 것을 막기
위한 장치로 음악은 많은 도움이 된다. 음악이 없는 인생은 상상
하기 어렵다. 음악의 힘과 가치에 대해서라면 말해 뭐할까!

들으면 기분이 좋아지고 마음이 편안해지는 곡들을 찾아서 언
제든 들을 수 있게 폰에 저장해두자. 마음에 안정과 여유와 휴식
이 필요할 때면 언제라도 잠시 눈을 감고 부드러운 멜로디에 귀를
기울이며 생각을 쉬어보자. 음악에 나를 온전히 맡겨보자. 가사
가 있는 곡이라면 나에게 위로와 힘과 용기를 주는 가사를 잘 들
으며 내 안에 스며들게 해보자.

지는 해 보기

둥근 해가 점점 가라앉다가 어느 순간에 '꼴깍!' 하고 넘어가는
걸 본 적이 있는가? 분명 내 눈에서 해는 사라졌는데, 해는 사라지
지 않았다. 다음 날 아침이면 다시금 우리 앞에 해 뜨는 모습을 드
러낸다. 떠오르는 태양과 지는 태양은 서로 다르지 않다. 하나의
태양이다. 그리고 모습이 사라졌다고 해서 없어지는 게 아님을 그

대로 보여준다. 마치 우리가 애지중지하는 이 몸이 사라진다고 해서 나의 존재마저 없어지는 건 아니라고 말해주는 듯하다. 눈에 보이는 현상에 집착하고 사는 마음을 자연스레 내려놓게 해준다. 그리고 내 눈에는 보이지 않는 이 현상계 너머의 영원히 변하지 않는 진리에 눈뜨게 하고 의지하게 도와준다. 그래서 옛 어른들께서는 마치 공중에 북이 걸린 것처럼 마음속에 늘 지는 해를 떠올리며 살라고 하셨나 보다.

Tip : 살아생전 반드시 가봐야 할 일몰 장소

- _____
- _____
- _____
- _____
- _____
- _____

우리는 서로 연결되어
상호작용하는 연기적 존재

　우리의 존재는 귀하디귀하며, 남과 비교하려야 비교될 수가 없는 완벽한 존재이다. 겉모습은 달라도 그물코 하나를 들어 올리면 나머지가 다 딸려오는 그물망처럼 우리는 그렇게 서로 연결되어 상호작용을 하는 연기적인 존재이다. 나의 존재가치를 인식하고 살면 남과의 비교에서 오는 불안감으로부터 스스로를 지킬 수 있으며, 설령 바람이 분다 해도 뿌리째 뽑혀 삶이 송두리째 흔들리는 일은 겪지 않을 것이다.

　마음을 다루고 다스리는 단 한 가지의 올바른 방법이란 없다. 나는 그저 내가 겪어온 삶의 이야기를 여러분들과 나누었다. 이 책에 제시된 마음근육을 키우는 방법들은 누구나 쉽게 돈을 들이지 않고도 지금 당장 시도해볼 수 있는 것들이다. 그리고 언제 어디서나 가능한 방법들이다. 삶의 목표가 건강이든 돈이든, 인간관계든 상관없다. 그것들을 이루는 데 있어 우리의 마음에 관련된 것이라면 이 책은 안심하는 삶을 위해 작은 도움이 될 것이다.

내 마음을 만나러 가는 이야기를 통해 많은 분들이 자신의 본래 마음을 만나러 가길 진심으로 축원드린다. 이 세상에 내가 왜 왔는지, 나는 누구인지, 무엇을 해야 하며, 어떻게 살아가야 할지에 대해 자신의 마음과 만나며 대화하는 시간 속에서, 한 뼘 성장하고 성숙한 삶의 주인공이 되시리라 믿는다. 때로는 갈 길 몰라 답답하고, 때로는 외롭고 힘들고, 때로는 흔들릴 때 나의 이야기가 응원과 격려가 담긴 따뜻한 차 한 잔이 되기를 바란다.

따듯한 연결, 따듯한 마음
따듯한 세상을 꿈꾸는 저자를 봅니다

....

"토부님, 시간 되세요? ○○○ 교수님 강의를 인친들과 함께 들
으면 좋을 것 같아 섭외했는데요. 함께하실래요?"

"네~, 좋죠. 근데 커뮤니티 이름은요?"

"아직 없어요. 만들어야 돼요~."

"네? 그럼 강의 홍보는요?"

"아…, 그게 해야 돼요…."

"강의가 언제인데요?"

"이번 토요일이요…."

"네????"

2022년, 한 시간 동안 운전하면서 전화로 저자와 나눈 대화다.

유명한 교수님을 강의에 섭외한 상황도 놀라웠지만 커뮤니티
이름도 없이 강의 일정을 잡아버린 저자의 용기가 대단하다고 생
각했다. 그리고 나는 뭔가에 홀리듯 그녀와 함께하게 되었다.

누가 나에게 좋아하는 두 가지를 꼽으라고 하면 나는 사람과 그림을 든다. 그리고 우주최강 오지라퍼 저자와의 만남은 우연한 기회에 우연하게 연결되었다. 살면서 "너 참 오지랖 넓다~" 라는 말을 들으며 살아온 나지만, 저자의 오지랖과 사람에 대한 마음은 우주최강이 맞지 싶다. 그만큼 사람을 좋아하고 연결을 좋아하고 대가에 연연하지 않는다! 저자는 이 사람과 저 사람이 연결되어 서로에게 좋은 관계가 되고 성장하는 것을 좋아한다. 어떨 땐 '개인 시간을 쪼개어 아무런 대가 없이 어떻게 이렇게까지 할 수 있을까' 하는 생각이 들 때도 있었다.

그런데 책을 통해서 알게 되었다.

"나만 잘돼야지 하는 마음을 경계하고 더불어 함께 성장하는 삶! 성공하는 삶보다 성찰하는 삶, 성장하는 삶, 지혜로운 삶을 추구하며, 어떤 행위에 대해 대가나 보상을 바라지 않고 나라는 존재를 잊는 무상무아가 필요하다"라는 책 속의 글에서 작가가 삶을 대하는 자세를 알 수 있었다.

'아! 그래서 그랬구나! 저자님은 사람과의 연결을 행복해하고 대가에 연연해하지 않는 무상무아의 내적 힘을 가지고 있구나…. 호기심 많고 새로운 것을 즐길 줄 아는 사람이구나….'

나는 사람을 좋아하지만, 모든 사람을 좋아하지는 않는다. 조금은 느리더라도, 조금은 손해를 보더라도, 함께 나누며 성장하려는 사람을 보면 마음이 따뜻해진다. 더불어 내면이 단단하고 스스로 무엇을 잘하고 좋아하는지 자신의 가치를 아는 사람을 보면 그 사람이 빛나고 예뻐 보인다. 그런 의미에서 저자는 따뜻하고 단단하며 빛나는 사람이다.

살면서 마음을 나눌 수 있는 사람을 만나고 연결되는 것만큼 행복한 일이 또 있을까? 저자와의 만남이 따뜻한 연결이었던 만

큼, 책을 통해 많은 사람들과 연결되고 그 따뜻함이 전해지기를
바란다.

동부

(퓨처스쿨 운영진 /그림성장 메신저)

북큐레이션 • 당신의 일상을 새롭게 바꿀 라온북 추천 실용도서

《나를 살리는 마음 훈련법》과 읽으면 좋은 책. 지금 당신에게 꼭 필요한 유용한 지식으로,
일상을 새롭게 바꿔줄 라온북의 대표 실용도서를 소개합니다.

슈가 케이크부터
아이싱 쿠키까지
달콤한 레시피!

슈가 데이

김은영 지음 | 12,000원

"오늘 모모 베이커리에는 어떤 손님들이 다녀갔을까?"
골목 끝, 작은 빵집 '모모'로 하나 둘 모여든 달콤한 이야기들

케이크를 주문하러 '모모'를 찾은 평범한 이웃들의 가장 특별하고 달콤한 20
가지 사연들을 엮어 소개하는 요리에세이. 영국에 있어 엄마의 생일을 챙기지
못해 발을 동동 구르는 막내딸의 이야기부터, 평생 야구밖에 모르던 아들의
은퇴를 맞아 위로를 전하고픈 엄마의 이야기, 부모님의 리마인드 웨딩을 위해
비밀 프로젝트를 꾸미고 있는 남매의 이야기까지, 특별한 하루를 더 특별히
추억하고픈 이들의 마음이 케이크에 담기는 과정을 침이 고이는 달달한 문체
로 전한다.

무일푼에서
10억 자산 모으는
신개념 가계부

2017 돈 버는 가계부

최미영 지음 | 13,200원

'곁뿌리 가계부'로 매일 지출을 기록하여 잔지출을 줄이고,
'원뿌리 가계부'로 큰돈이 모이게 한다!

『돈 버는 가계부』에서 저자는 지하 단칸방에서 50억 자산을 만든 과정의 핵심
은 고정지출을 설계하는 원뿌리, 변동지출을 줄이는 곁뿌리 가계부였음을 공
개하고, 그동안 금전 관리의 도구였던 가계부의 개념을 돈을 벌어들이는 도구
로 새롭게 정의했다. 소비패턴을 파악하는 것은 물론, 생애 주기별 목적자금
을 만들기 위해 지출을 통제하고 돈을 모으게 하는 '재무설계형' 가계부 쓰기
를 시작하여 경제적인 어려움을 겪는 가정이 사라졌으면 하는 바람으로 숨겨
두었던 가계부를 세상에 내놓는다.

심는 대로 잘 자라는 텃밭

김명희 지음 | 15,000원

집에서 만든 천연 비료와 농약만으로 가능하다!
병 없고 벌레 없이 잘 자라는 기적의 유기농 텃밭 만들기!

많은 도시농부가 1년도 채 되지 않아 도시농부로서의 삶을 접는다. 이유는, 힘들게 기른 작물을 병충해로 잃는 경우가 너무 많기 때문이다. 화학비료와 농약을 사용하면 해결할 수 있지만, 그럼 유기농 작물이 아니기에 시중에서 파는 것과 다를 바 없다. 결국, 유기농 먹거리를 사서 먹자니 비싸고, 길러서 먹자니 병충해 때문에 힘들고, 화학농약과 비료를 쓰자니 유기농 먹거리를 포기해야 하는 딜레마에 빠지는 것이다. 건강에 해롭지 않은 비료와 농약을 직접 만들어 사용함으로써 깨끗한 먹거리를 직접 길러서 먹는 도시농부로서의 만족스러운 삶을 이어가기를 원한다면, 이러한 도시농부들의 노하우에 귀를 기울일 때다.

일류 아빠의 생각

손재환 지음 | 15,000원

MZ세대 고민 상담 처방전!
삶이 막막할 때 꺼내 읽는 아버지의 인생 편지

《일류 아빠의 생각》은 책 속에서 변하지 않는 삶의 길을 보여준다. 극심한 가난과 신체적 장애를 짊어진 채, 온몸으로 발버둥치며 살아오면서 성공하기까지, 몸소 체득한 인생의 지혜를 고스란히 담아내었기에 저자의 가르침은 더욱 생생하고 믿음직하다. '어른 됨', '일', '관계', '돈', '인생' 총 5개의 굵직한 주제 안에 사회 초년생들이 궁금증을 가질 만한 여러 문제에 대한 저자 나름의 해답을 편지 형식으로 담아냈다. 아버지의 마음으로 써 내려간 편지 속 이야기들이 급변하는 시대, 올바른 인생의 길을 찾아 헤매는 이들에게 든든한 나침반이 되어줄 것이다.